国家出版基金项目
NATIONAL PUBLICATION FOUNDATION

江苏卷

中国传统村落记忆

中华农业文明研究院文库　中国农业文化遗产丛书

王思明 ◎ 主编

刘馨秋 ◎ 著

中国农业科学技术出版社

江苏省社会科学基金项目（16SHC002）
江苏省教育厅高校哲学社会科学研究项目（2016SJD770002）　　阶段性成果

《中国传统村落记忆》编委会

顾　问	任继周　刘　旭
主　编	王思明
编　委	曹幸穗　樊志民　闵庆文　苑　利　李建军 郑友贵　王建革　衣保中　张法瑞　倪根金 王景新　惠富平　盛邦跃　严火其　李　群 沈志忠　包　平　卢　勇　丁晓蕾　夏如兵 朱　绯　李　明　刘馨秋　李昕升　伽红凯 何红中　吴　昊

总 序

中国自古以农立国，农耕文化是中华文明的根脉，而传统村落是农业文化的载体，丰富多样的农业文化大多以各种形态、各种组合融合于村落。传统村落镌刻着农业、农村和农民发展的历史印记，积淀了数千年的农耕精华，是认识和传承中华农业文明的重要物质基础。

然而，近百年来，随着工业化和城市化的快速发展，经济和社会结构发生重大变化，农村人口日渐减少，传统村落逐渐消失，传统农业生产和生活方式、农业文化、乡风民俗、特色民居面临彻底湮没的威胁，承载着中国五千年文明的传统村落正处于被终结的过程之中。如果我们不能留住历史的脚步，我们是否应当留存一些历史的记忆？有鉴于此，十多年前南京农业大学中华农业文明研究院着手中国农业文化遗产的调查工作，并利用这些宝贵资料陆续编撰出版了《江苏农业文化遗产调查研究》《江苏茶文化遗产调查研究》《中国农业文化遗产名录》《中国农业文化遗产保护研究》等专著。2016年，我们又启动了《中国传统村落记忆》丛书的编撰工作。

"欲将开物以成务，必先分类而知名。"传统村落的调查研究也是农业文化遗产系统的调查研究。但哪些算是农业文化遗产？我们在梳理古今中外相关学术成果的基础上，提出了一个更为系统全面的概念和分类体系。我们认为农业文化遗产是历史时期人类农事活动中发明创造、积累传承的具有历史、科学和人文价值的物质、非物质及物质与非物质融合的综合体系。这里的农业是大农业的概念，在生产领域包括农、林、牧、渔各个门类；在生产环节上既包括农业的产中，也包括农业的产前和产后；在参与要素上，既包括农业活动的主体、对象，也包括农业生产的环境，实际上是一个农民、农业生物、农业技术、农业环境及农业制度与文化"五位一体"的一个综合体系。根据农业文化遗产的主要特点又分为10个类别，即：农业物种、农业遗址、农业工程、农业景观、农业聚落、农业工具、农业技术、农业文献、农业特产和农业制度与民俗等。我们的调查研究及丛书的撰写大多以此为理论依据展开。

以往学界对于传统村落的研究也有不少，我们的丛书与以往的偏重单项或某一方面文化遗产的研究不同，更加综合和系统。例如因工作重心的不同，住房城乡建设部和国家文物局系统较关注古桥、古井、古祠、古庙和古民居等建筑文化遗产，重其形，而缺其魂；文化和旅游部系统多注重民间艺术和技艺等非物质文化遗产内容，但对农村经济活动的主体——农业生产关注不多。我们的调查研究希望将物质与非物质文化融为一体，将农业、农村、农民融为一体来进行分析。

为了挖掘传统村落的文化价值和传承意义，住房城乡建设部等部门于2012年、2013年、2014年和2016年先后进行了四批中国传统村落的评选工作，共有4 153个村落入选名录；文化部做了系统的非物质文化遗产的普查工作；农业部也在全球重要农业文化遗产（GIAHS）推介和保护的同时于2012年启动了中国重要农业文化遗产（NIAHS）的遴选工作，截至目前已经有4批91个农业文化遗产点入选。这些标志着中国对传统村落的关注日渐提高，工作成效显著。随着人们对传统村落认识的不断深入，其蕴藏的丰富历史信息和文脉特征正日益凸显。

习近平总书记要求我们在新农村建设中要留得住绿水青山，记得住乡愁。乡愁，是珍贵灿烂的农业遗产，是丰富的物质农业文化形态和多彩的非物质农业文化内涵，也正是传统村落所承载的乡土文化和农耕文明的记忆。如何保护好祖先留下的遗产，为子孙后代留存这厚重的"乡愁"，是我们面临的巨大挑战。

中国幅员辽阔，农业历史悠久，传统村落由不同民族在不同的历史时期和自然环境中创造出来，具有文化与自然遗产的多元价值和丰富的文化多样性。同时，由于区域自然地理条件、经济发展水平、社会文化背景以及城镇化发展水平等不同因素的影响，造成各地传统村落留存状态存有巨大差异。因此，对各地传统村落进行系统挖掘、记录和梳理，既是留存村落记忆的重要途径，也是开展研究、保护与利用工作的基础。

《中国传统村落记忆》丛书是中国第一部以传统村落文化资源调查为主要内容的大型学术著作。它以传统村落为对象，系统梳理传统村落资源，将物质与非物质农业文化遗产融为一体，使之形神兼备，同时深入挖掘农业遗产价值，抢救留存传统村落记忆，旨在成为中华文脉赓续和文化创新的基础学术工程。

《中国传统村落记忆》丛书约30卷，以省区市为单位，以已经入选中国传统村落名录的村落为基础，系统梳理传统村落的文化构成及历史积淀。各卷基本内容包括区域自然环境、历史变迁，重点探讨该省区市传统村落的数量、分布、特征和特色；对该省区市最具代表性和典型性的村落进行个案描述，注重不同类型村落典型性的选择，突出重点，突出特色；同时搜集反映村落文化遗产典型特征和特色的照片或图片，以期呈现传统村落的真实面貌。传统村落中近现代发展起来的工业类文化遗产、城镇化文化遗产不属于调查和收录范围。

留存历史的记忆不是要回到过去，而是要不忘初心，传承中华民族的文化

精华；回溯历史的痕迹也不是要固守过往的生产和生活方式，而是要汲取先人的经验和智慧，构建一个经济、社会和生态更加和谐且可持续发展的世界。以传统村落为载体的传统农耕文化是人类数千年智慧的结晶，在今天乡村振兴战略的实施中可以发挥独特的作用：天、地、人、稼和谐统一的思想理念是今天可持续发展的理论基石；因地制宜、用养结合的生产体系是今天绿色发展的技术指南；数千年创造积累的农业品种资源是今天农业创新的重要物质基础；注重礼仪和人文的乡村社会是今天构建和谐社会珍贵的文化资源。可见，传统村落和传统文化不仅关乎过去，更加关系未来，我们留存历史记忆，传承传统文化，也就是守护我们的精神家园。

王思明
2018 年 9 月

前 言

农耕文化是中国传统文化的根和灵魂，而村落则是传统农耕文化的载体。2015年1月习近平总书记要求我们在新农村建设中要留得住绿水青山，记得住乡愁。乡愁就是乡土文化和农耕文明的记忆，是传统村落所承载的农业、农村和农民发展的历史印记。随着新型城镇化的提出和美丽乡村建设等项目的不断推进，政府及社会各界对传统村落保护的关注度越来越高。但是，飞速发展的工业文明正疯狂地吞噬着农耕文明，传统农业生产和生活方式、农业文化、民俗、特色民居被湮没，乡村社会正在急剧变化，承载着中国5 000年文明的传统村落正处于被终结的过程中。虽然当前全国村落保护工作已经启动，但是由于没有详尽、完善的保护对策，致使大多数村落的保护工作停滞在计划阶段，而已经着手实施保护计划的村落，大多数是以打造旅游景点为目的。而且，我们不得不承认，工业与城市发展、经济与社会转型是不可逆转的历史潮流，全面、大规模地保护或原封不动地留存传统村落是不现实的，而村落的急剧消失或被打造成没有内涵的旅游景点的过程，还会持续很长一段时间。

因此，为了尽可能地多留住一些乡愁，为了尽可能完整地记录当前中国城镇化飞速发展阶段尚存的以及即将消失的传统村落文化，为了以后的研究者想要了解这一时期中国乡村形态的时候能够找到一些素材，中华农业文明研究院于2016年启动了《中国传统村落记忆》编撰项目。项目以传统村落为主要研究对象，系统梳理其文化构成及历史积淀。传统村落的选择以已经入选中国传统村落名录的村落为基础。《中国传统村落记忆》希望以传统村落为对象，将物质与非物质农业文化遗产融为一体，使之神形兼备。

本书为《中国传统村落记忆·江苏卷》，研究对象限定在江苏入选国家级的传统村落范围内。全书共分7章，第一章介绍中国传统村落概况，并对江苏传统村落的数量与分布、类型与特点以及建设简况进行系统梳理；第二章至第六章立足农业文化遗产的分类及研究视角，将传统村落研究对象分为传统建筑型、农业景观型、农业特产型、工商贸易型、民俗文化型5种类型进行分章论述；第七章结合江苏传统村落的发展现状以及其中存在的问题，提出相应的解决对策与建设思路。

江苏省教育厅高校哲学社会科学研究项目"江苏传统村落保护对策研究"（2016SJD770002）在前期梳理江苏传统村落的历史变迁，调研江苏传统村落保护与利用情况等方面为本书提供了支持；江苏省社会科学基金项目"江苏传统村落保护对策研究"（16SHC002）在探索适合江苏传统村落自身情况的发展对策，形成研究报告以及图片、影像、文字资料的数据采集等方面为本书提供了支持。在此一并表示感谢！

目录

第一章 传统村落概况

第一节 传统村落的内涵、分类及分布特征 003
一、概念阐释 003
二、中国传统村落的数量与分布 005
三、传统村落的分类体系 010

第二节 江苏传统村落概况 014
一、数量与分布 014
二、类型与特点 017
三、建设简况 021

第二章 江苏传统建筑型村落

第一节 传统建筑型村落概述 031
第二节 江苏传统建筑型村落个案研究 036
一、陆巷——东山古建筑博物馆 036
二、杨湾——香山帮建筑荟萃之地 043
三、杨桥——江南水乡古韵 050

第三章　江苏农业景观型村落

第一节　农业景观型村落概述 …………………………………… 059
第二节　江苏农业景观型村落个案研究 ………………………… 062
　一、东村——果茶园景观 ……………………………………… 062
　二、三山——生态农业景观 …………………………………… 067
　三、明月湾——传统农业生活景观 …………………………… 078

第四章　江苏农业特产型村落

第一节　农业特产型村落概述 …………………………………… 089
第二节　江苏农业特产型村落个案研究 ………………………… 092
　一、堂里——碧螺春茶发祥地 ………………………………… 092
　二、翁巷、衙甪里、东蔡——果茶主产区 …………………… 097
　三、李市——水产养殖 ………………………………………… 111

第五章　江苏工商贸易型村落

第一节　工商贸易型村落概述 …………………………………… 119
第二节　江苏工商贸易型村落个案研究 ………………………… 124
　一、礼社——江南商业集散地 ………………………………… 124
　二、严家桥——无锡民族工商业发祥地 ……………………… 135
　三、焦溪——明清商贸集镇典型代表 ………………………… 146
　四、余西——江海龙城盐商重镇 ……………………………… 157

第六章　江苏民俗文化型村落

第一节　民俗文化型村落概述……………………………………173
第二节　江苏民俗文化型村落个案研究…………………………177
　一、龟山——渔业生产生活民俗…………………………………177
　二、华山——民间故事与传说……………………………………184

第七章　江苏传统村落保护对策探索

第一节　江苏传统村落保护的现状及问题………………………193
　一、农村空心化日益严峻…………………………………………193
　二、权责不清，传统民居修缮受阻………………………………195
　三、对新农村建设的曲解导致村落遭到建设性破坏……………196
　四、村民改善生活条件意愿与村落原真性保护之间矛盾凸显…197
　五、保护经费不足及使用误区……………………………………197
　六、发展旅游与保护村落的关系误区……………………………198
第二节　江苏传统村落保护的对策与建议………………………199
　一、明确政府主体责任，纳入政绩考核指标……………………199
　二、处理好政府、村民、企业的责任和利益关系………………200
　三、保护与利用兼顾，创新保护利用模式和方式………………201
　四、以人为本，宜业宜居…………………………………………207

后　记……………………………………………………………208

第一章
传统村落概况

第一章 | 传统村落概况

传统村落是中国乡村历史文化与自然遗产的"活化石",其镌刻着农业、农村和农民发展的历史印记,积淀着几千年的农耕文化,是认识和传承中华农业文明的根基,是不可再生的文化遗产。中国幅员辽阔、历史悠久,传统村落由不同民族在不同的历史时期和自然环境中创建,具有文化与自然遗产的多元价值和丰富的文化多样性,同时反映着人、农业与自然环境的和谐关系。

第一节 传统村落的内涵、分类及分布特征

一、概念阐释

村落是聚落的一种基本类型。[①] 聚落是指人类居住和生活的场所,如《史记·五帝本纪》所载:"一年而所居成聚,二年成邑,三年成都"。《汉书·沟洫志》亦载:"或久无害,稍筑室宅,遂成聚落。"聚落是在原始农业兴起之后才出现的,是以氏族为单位的纯粹的农业村社。[②] 因此,在聚落形成之初,村落和聚落的含义是相通的。随着聚居人口的增多,聚落的形态发生变化,并因都市的出现而分为村落和城市以及介于两者之间的集镇。村落因此成为农村聚落的简称,指以农业(包括种植业或林牧副渔业)生产为主的居民点。

中华农业文明历史悠久,村落自古有之,虽然大多已消失于历史长河之中,但仍有宋元以来的古代村落遗留。在留存至今的古代村落中,如果建村历史悠久,村落选址未有大的变动,保留了较好的历史沿革、村落环境、建筑、传统民俗民风等要素,而且至今仍为人们服务的村落,即为古村落,也可称为历史文化村落或传统村落。

此类村落通常具备三个要素。

第一,时间要素。时间要素是传统村落需具备的首要条件,包括形成年代、历

[①] 刘沛林:《古村落:亟待研究的乡土文化课题》,《衡阳师专学报(社会科学)》,1997年第18卷第2期,第72-76页。
[②] 刘沛林:《论中国古代的村落规划思想》,《自然科学史研究》1998年第17卷第1期,第82-90页。

史沿革和现存状态。一般指建村于1912年以前，发展沿革较为完整，且至今仍为人们服务的村落。

第二，空间要素。包括村落选址、格局和规模。要求村落的演变和发展仍能清晰体现原有选址理念，仍然体现人与自然的和谐共生关系；村落的格局、街巷体系仍能保持完整的传统风貌；村落内仍有一定规模和数量的传统建筑，且仍能保持传统风貌和活态性。

第三，文化要素。具备完整的文化生态系统以及丰富的物质与非物质文化遗产，包括有鲜明地方特色且仍然富有生命力的传统生产、生活方式，传统工艺，独特的民俗文化等。

随着人们对古村落认识的不断深入，关注度不断提高，其中蕴藏的丰富历史信息和文脉特征日益凸显。为了发掘古村落的文化价值和传承意义，不同评价体系相应推出。

2003年，中华人民共和国建设部（下称建设部）与国家文物局共同发布了《中国历史文化名镇（村）评选办法》，将"保存文物特别丰富；历史建筑集中成片；保留着传统格局和历史风貌；历史上曾作为政治、经济、文化、交通中心、军事要地，或者在近代和现代发生过重要历史事件，或者传统产业、历史上建设的重大工程对地区的发展产生过重要影响，或者集中反映地区建筑文化特色、民族特色"的村落，列入中国历史文化名村名录。截至2016年，该名录已评选6批，共276个村落入选。

2012年9月，由中华人民共和国住房和城乡建设部（下称住建部）、中华人民共和国文化部（下称文化部）、国家文物局、中华人民共和国财政部（下称财政部）联合组成的传统村落保护和发展专家委员会第一次会议决定，用"传统村落"替代"古村落"概念，专指"拥有物质形态和非物质形态文化遗产，具有较高的历史、文化、科学、艺术、社会、经济价值的村落"（建村〔2012〕184号），以突出其文明价值和传承意义。同时启动了传统村落的全面调查，并进行"中国传统村落"专家审定与甄选工作。截至2016年，先后进行了4次评选，确定了具有重要保护价值的4 000多个村落列入中国传统村落名录。

党的第十六届五中全会提出了社会主义新农村的建设目标，包括"生产发展、生活宽裕、乡风文明、村容整洁、管理民主"等具体要求。2012年11月，党的十八大报告首次提出了努力建设"美丽中国"的任务和目标，而美丽中国的建设重点和难点在于农村。中共中央国务院一号文件（下称中央一号文件，全书同）提出要推进农村生态文明建设，努力建设美丽乡村。财政部、国务院农村综合改革工作小组办公室、中华人民共和国农业部（下称农业部）等相关部委也纷纷出台一些措施和政策来推动美丽乡村的建设。如农业部自2014年开始评选中国最美休闲乡村和中国美丽田园，以进一步推进生态文明和美丽中国建设。2015年，中华人民共和国国家质量监督检验检疫总局（下称国家质检总局）、中国国家标准化管理委员会发布《美丽乡村建设指南》，确定了美丽乡村的内涵，即"规划布局科学、村容整洁、生产发展、乡风文明、管理民主，且宜居、宜业的可持续发展的乡村"，并确定了建设评价标准，使得美丽乡村建设从一个宏观的方向性概念转化为可操作的工作实践。

从评价体系来看，传统村落、历史文化名村和美丽乡村之间既有重合，又各有侧重。"传统村落"等同于"古村落"；而"历史文化名村"可以说是传统村落中的"精英"[1]，其标准高于传统村落，形式和内容比传统村落略窄；"美丽乡村"则涵盖了整个农村社会，是新农村建设的升级版，传统村落保护是美丽乡村建设的重要内容之一。

二、中国传统村落的数量与分布

（一）名录与数量统计

住建部等部门于2012年、2013年、2014年和2016年先后进行了4批中国传统村落的评选工作，共有4 153个村落入选名录。各批入选数量分别为：第一批646个、第二批915个、第三批994个、第四批1 598个，呈逐批递增之势，表明我国对传统村落的关注度有极大提高，普查、研究等相关工作成效显著（表1-1）。

---

[1]《住房城乡建设部：明确保护规定防止古村落里大拆大建》，http：//www.mohurd.gov.cn/zxydt/201310/t20131018_215916.html，2013-10-17。

表 1-1　中国传统村落数量统计

序号	省（区）、市	第一批	第二批	第三批	第四批	合计
1	北京	9	4	3	5	21
2	天津	1	—	—	2	3
3	河北	32	7	18	88	145
4	山西	48	22	59	150	279
5	内蒙古	3	5	16	20	44
6	辽宁	—	—	8	9	17
7	吉林	—	2	4	3	9
8	黑龙江	2	1	2	1	6
9	上海	5	—	—	—	5
10	江苏	3	13	10	2	28
11	浙江	43	47	86	225	401
12	安徽	25	40	46	52	163
13	福建	48	25	52	104	229
14	江西	33	56	36	50	175
15	山东	10	6	21	38	75
16	河南	16	46	37	25	124
17	湖北	28	15	46	29	118
18	湖南	30	42	19	166	257
19	广东	40	51	35	34	160
20	广西	39	30	20	72	161
21	海南	7	—	12	28	47
22	重庆	14	2	47	11	74
23	四川	20	42	22	141	225
24	贵州	90	202	134	119	545
25	云南	62	232	208	113	615
26	西藏	5	1	5	8	19
27	陕西	5	8	17	41	71
28	甘肃	7	6	2	21	36
29	青海	13	7	21	38	79
30	宁夏	4	—	—	1	5
31	新疆	4	3	8	2	17
	合计	646	915	994	1 598	4 153

（二）分布特征与原因分析

从南北分布来看，传统村落主要集中在中国南方地区（南方地区包括江苏、浙江、上海、安徽、湖北、湖南、江西、福建、广东、海南、四川、重庆、贵州、云南、广西、西藏；北方地区包括北京、天津、河北、山东、河南、山西、陕西、辽宁、吉林、黑龙江、内蒙古、新疆、甘肃、宁夏、青海），共有传统村落 3 222 个，占全国传统村落总数的 77.6%。

从七大地理分区来看，西南（四川、贵州、云南、重庆、西藏）和华东（上海、江苏、浙江、安徽、江西、山东、福建）地区传统村落分布最多，两区村落总数占全国的 61.5%；华北（北京、天津、山西、河北、内蒙古①）、华中（河南、湖北、湖南）、华南（广东、广西、海南）占 32.7%；西北（陕西、甘肃、青海、宁夏、新疆）和东北（黑龙江、吉林、辽宁）两区传统村落分布最少，仅占 5.8%（图 1-1）。

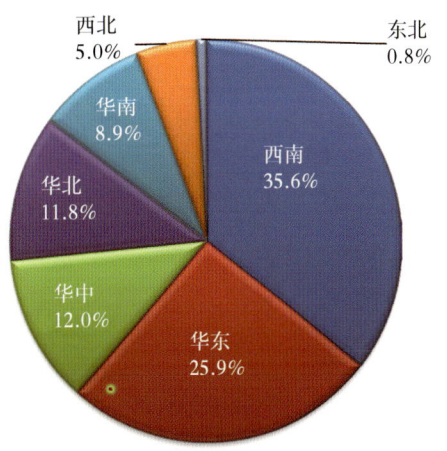

图 1-1 中国传统村落地理分布比例

从八大经济区分布来看，大西南（云南、贵州、四川、重庆、广西）传统村落共有 1 620 个；长江中游（湖北、湖南、江西、安徽）713 个；黄河中游（陕西、山西、河南、内蒙古）518 个；南部沿海（福建、广东、海南）436 个；东部沿海（上海、江苏、浙江）434 个；北部沿海（北京、天津、河北、山东）244 个；大西北（甘肃、青海、宁夏、西藏、新疆）156 个；东北（辽宁、吉林、黑龙江）传统村落数量最少，32 个。大西南地区最为集中，北部沿海、大西北和东北地区则较为稀疏，三区合计仅占全国传统村落数量的 10.5%（图 1-2）。

---

① 内蒙古中部、西部、东部分别属于华北、西北、东北，为便于统计，统一归入华北。

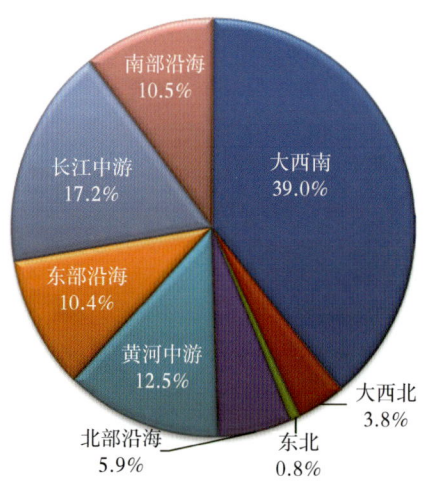

图1-2 中国传统村落经济区分布比例

从省际分布来看，云南和贵州是传统村落数量最多的省份，共占全国总数的27.9%，其次是浙江，占9.7%，西藏、新疆、甘肃、宁夏、辽宁、吉林、黑龙江、江苏、北京、上海、天津11个省区市的传统村落数量较少，均不足全国的1%。

综合上述统计，中国传统村落分布呈现南方高于北方，西南和华东高于其他地区，并以大西南地区最为集中。东北和西北最为稀疏的显著特征。形成这些特征的相关因素包括区域自然条件、经济发展水平、社会文化背景以及城镇化发展水平等。

第一，区域自然条件。村落是以农业生产为主的居民点，其形成和发展首先要满足聚居人口的生存需求，而地形地势、气候、水源、土壤等环境因素则成为村落形成的先决条件，自然条件也在一定程度上决定了村落的分布。如长江流域大部分地区处于亚热带季风区，上游四川盆地温和湿润、气候宜人，拥有较好的光、热、水条件；中下游是东亚季风活动最明显的区域，气候四季分明，无霜期较长。流域内大部分地区年积温为5 800~6 000℃，降水量为1 000~1 500毫米，属于干旱度<1.0的湿润地区。中下游平原水量充沛，湖泊众多，约占流域湖泊总面积的92.6%。湖泊及与其相连的众多江河形成完整的水网系统，具有分布分散、水域深度适中、水温适宜、水生动植物资源丰富等特点。流域内广泛分布着冲积、湖积平原，如成都平原、江汉平原、洞庭湖平原、鄱阳湖平原、巢湖地区和太湖地区等。这些平原海拔多在100米以下，分布着多种类型的水稻土，土壤有机质含量丰富，肥力较高，为稻作农业发展提供了先决优势条件。下游地区滨江、滨海的高平地带土壤以砂质或壤质的草甸土为主，土壤结构较佳，通气性及透水性良好，且地下水位较低，是我国重要的棉花生产基地。流域内还广泛种植油菜、茶叶、烟草、蔬菜、水果等作物，而且养殖业兴旺，是猪、鸡、鸭等中小畜禽拥有量最多的地

区。气候温暖湿润、水资源充沛、土地资源丰富、动植物种类繁多，优越的自然环境为长江流域的农业发展提供了完备的条件，也为村落的大规模形成和发展奠定了基础。

第二，经济发展水平。历史时期的区域经济发展水平决定了村落的建设规模和风貌形态。如太湖流域、成都平原多为农村聚落密集地带。[1]明清时期商品经济大规模发展，涌现出晋商、徽商、潮商、洞庭商帮等地域性商业集团，他们用经商所得在家乡大兴土木，修建宅邸、祠堂、宗庙等民居和公共空间。这些传统民居建筑从选址、设计、布局到装饰美化，既能体现主人的身份地位和审美情趣，也反映了当地的建筑风格和文化特征，如徽派建筑、香山帮建筑等，都已成为区域传统建筑的代表类型，是珍贵的村落遗产资源。

第三，社会文化背景。社会文化背景也是影响传统村落数量与分布的重要原因，特别是在区域文化独特的少数民族地区，这一影响尤为显著。如传统村落数量最多、分布最为集中的大西南地区，各民族在长期的历史发展中都形成了一定的聚居区，而且由于不断的民族迁徙，聚居区内普遍为多民族杂居形态。如瑶族村落多依山建立，与周围壮族、傣族、侗族、哈尼族、苗族、汉族等村落毗邻或同村居住；德昂族村落多在山区或半山区，与景颇族、傈僳族、佤族、汉族等民族村落交错分布，或在坝区与傣族分寨杂居。[2]该区地形复杂，河谷纵横，交通不便，且由于家族制度、民族关系、宗教信仰等方面的影响，导致很多村落生产力水平较低，开放程度较低，各方面发展都极为缓慢，很多民族村落至今仍以原始的耕作、渔猎等方式为生。同时，这些村落也因此免遭经济快速发展的冲击，从而保留了众多珍贵的村落文化遗产资源。

第四，城镇化发展水平。城镇化发展水平关系到传统村落的留存。随着城镇化的快速发展以及人们对现代生活方式的追求，传统农业生产和生活方式乃至乡村社会都在不断消失，传统村落的存在空间受到强烈挤压。统计数据显示，中国村落

---

[1] 熊梅：《中国传统村落的空间分布及其影响因素》，《北京理工大学学报（社会科学版）》2014年第5期，第153-158页。
[2] 温军：《试论我国少数民族村落的分布特征》，《西北民族学院学报（哲学社会科学版）》1990年第1期，第52-57页。

数量自20世纪80年代开始显著降低，近10余年间更有加速减少之势。与此同时，城镇化进程的推进还伴随着农村青年劳动力的流失，造成乡村"空心化""老龄化"等社会问题。这种情况在城镇化率高的地区更加显著，如1949—2015年，江苏乡村人口比重由85.17%降至33.50%，浙江由88.19%降至34.20%[①]。曹迎春等[②]将GDP、人口分布、交通线路等因素与传统村落分布进行叠加，分析结果显示，绝大多数传统村落位于城市化发展较慢区域、生产和消费水平中等或稍低水平地区、人口中等及稍偏少地区以及交通线密度小或远离主要交通线的区域。截至2017年年初，中国城镇化率平均为57.35%，而传统村落数量分布最为集中的云南、贵州、四川、广西等大西南地区，城镇化率均低于全国平均水平，数值均低于50%。可见传统村落与城市化快速发展区域显著负相关。

三、传统村落的分类体系

传统村落的形成与演变与其所处的自然环境、政治、经济、社会条件等因素息息相关，这就导致传统村落的构成极为复杂。它们既承载着丰富的历史信息，又遗存了众多物质与非物质文化遗产，同时还体现了千百年来人与自然环境和谐共生的理念以及历史与现实的承接与转换。因此，对传统村落进行类型划分是一项极其复杂的工作，目前学界还没有十分一致的认识。

（一）自然地理视角

中国自古以农立国，是世界农业起源地之一，农耕文化是中国传统文化的根和灵魂，而村落则是传统农耕文化的载体，是认识和传承中华农业文明的根基。村落

[①] 数据来源于《中国统计年鉴》《江苏统计年鉴》《浙江统计年鉴》；国家统计局国民经济综合统计司编《新中国五十五年统计资料汇编》，北京：中国统计出版社，2005年；国家统计局国民经济综合统计司编《新中国五十年统计资料汇编》，北京：中国统计出版社，1999年。

[②] 曹迎春，张玉坤:《"中国传统村落"评选及分布探析》，《建筑学报》2013年第12期，第44-49页。

的形成和演变直接受制于自然地理条件，气候、地形、地貌、水系、植被等因素都会对人类居住生活、聚落分布和农业生产造成不同程度的影响。因此，可以借鉴自然区划的成功经验，将传统村落粗略划分为山地村落、高原村落、平原村落、草原村落、沿海丘陵村落和湖滨水域村落等类型。[1]

（二）文化地理视角

中国传统村落是由不同文化创造出来的具有不同文化特色的聚落形态，拥有丰富的文化多样性，因此，也可以借鉴文化区的划分方法进行分类。

文化区是指具有某种共同文化属性的人群所占据的地域空间单位，又称文化地理区。文化区是文化的空间投影[2]，在同一个文化区中，居民的语言、宗教信仰、艺术形式、生活习惯等带有明显的区域文化特征[3]。如中国文化区可以粗略分成东南部的农业文化区和西北部的牧业文化区，分别代表了汉族集聚区和少数民族集聚区的分域。东南部农业文化区还可以进一步划分出中原文化区、关东文化区、扬子文化区等；西北部牧业文化区则可划分为蒙古文化区、新疆文化区和青藏文化区。[4] 长江流域则可以细化为巴蜀文化区、荆湘文化区、吴越文化区。还可从省域层面进行分区，如江苏可划分为苏南文化区、苏中文化区和苏北文化区[5]，或吴文化区、金陵文化区、徐淮文化区、淮扬文化区和苏东海洋文化区[6]等。在文化地理视角下，传统村落可以划分为中原文化村落、西南文化村落、东南文化村落、蒙古文化村落、新疆文化村落等类型。

---

[1] 管彦波：《论中国民族聚落的分类》，《云南大学人文社会科学学报》2001年第27卷第2期，第38–41页。
[2] 孟召宜，苗长虹，等：《江苏省文化区的形成与划分研究》，《南京社会科学》2008年第12期，第88–96页。
[3] 徐吉军：《论长江文化区的划分》，《浙江学刊》1994年第89卷第6期，第102–108页。
[4] 吴必虎：《中国文化区的形成与划分》，《学术月刊》1996年第3期，第10–15页。
[5] 蔡健，杨海平：《江苏省文化产业发展战略构想》，《金陵职业大学学报》2003年第期3期，第549–555页。
[6] 王长俊：《江苏文化史论》，南京：南京师范大学出版社，1999年，第8–9页。

(三) 传统功能视角

传统村落通常会在漫长的历史演变过程中，形成各自不同的功能性特征。而且由于村落规模上的限制，这种传统功能通常较为单一。因此，可以按照传统功能视角，将传统村落划分为农业型、工贸型、行政型、军事型、交通型、宗教型、纪念型、多功能型[①]。农业型以传统农业生产为主，工贸型以传统手工业、矿业、商业贸易等非农产业为主，行政型曾为一定区域的行政中心，军事型历史上具有重要军事意义，交通型历史上具有重要交通功能，宗教型因宗教而建村或发展，纪念型因重要事件或著名人物而知名，多功能型表现两种或两种以上主要功能类型。

农业型村落是指以进行传统农业生产为主的村落。这里的农业指的是广义的农业，包括种植业、林业、畜牧业、渔业、副业等产业形式。以此为标准，还可将农业型村落细化为农耕业村落、畜牧业村落、渔业村落、林果业村落、副业村落、狩猎业村落等类型。

(四) 农业遗产视角

农业文化遗产是人类文化遗产的不可分割之重要组成部分，是历史时期人类农事活动发明创造、积累传承的，具有历史、科学及人文价值的物质与非物质文化的综合体系。包括农耕、畜牧、林业、渔业以及农业生产的条件环境、生产过程、农产品加工及民风民俗。我国农业文化遗产资源可划分为农业遗址、农业物种、农业工程、农业景观、农业聚落、农业技术、农业工具、农业文献、农业特产、农业民俗文化10个主要类型，每个主要类型又可划分出若干基本分类（表1-2）。[②]

---

① 周宏伟:《基于传统功能视角的我国历史文化村镇类型探讨》,《中国农史》2009年第4期, 第92-101页。

② 王思明, 李明:《中国农业文化遗产名录》, 北京：中国农业科学技术出版社, 2016年, 第13页。

表 1-2 农业文化遗产分类体系

主要类型	基本类型
遗址类	粟作遗址　稻作遗址　渔猎遗址　游牧遗址　贝丘遗址　洞穴遗址
物种类	畜禽类物种　作物类物种
工程类	运河闸坝工程　海塘堤坝工程　塘浦圩田工程　陂塘工程　农田灌溉工程
技术类	土地利用技术　土壤耕作技术　栽培管理技术　防虫减灾技术 生态优化技术　畜牧养殖兽医渔业技术
工具类	整地工具　播种工具　中耕工具　施肥积肥工具　收获工具　脱粒工具 农田水利工具　农用运输工具　植物保护工具　加工工具　生产保护工具 渔具　养蚕工具　其他农具
文献类	综合性类文献　时令占候类文献　农田水利类文献　农具类文献 土壤耕作类文献　大田作物类文献　园艺作物类文献　竹木茶类文献 畜牧兽医类文献　蚕桑鱼类文献　农业灾害及救济类文献
特产类	农业产品类特产　林业产品类特产　畜禽产品类特产　渔业产品类特产 农副产品加工品类特产
景观类	农（田）地景观　园地景观　林业景观　畜牧业景观　渔业景观 复合农业系统
聚落类	农耕类聚落　林业类聚落　畜牧类聚落　渔业类聚落　农业贸易类聚落
民俗类	农业生产民俗　农业生活民俗　民间观念与信仰

　　从中国传统村落名录来看，传统村落大多为农业型村落，其产生和发展与农业息息相关，而传承至今的传统村落也是珍贵农业遗产资源。因此，引入农业遗产的研究视角和分类标准，可以为传统村落的类型划分提供一个理论依据合理，结构清晰、系统的分类方法。村落属于聚落类农业文化遗产，同时，村落内部又涵盖了其他类型的农业文化遗产资源，具有一定的复合性和交叉性。为了使村落的传统农业特色更为突出，使其农业特色价值能够满足当地社会经济与文化发展的需要，促进区域可持续发展，我们尝试以农业文化遗产分类方法为基础，结合中国传统村落的特征和认定标准，将传统村落划分为5个类别：传统建筑型、农业景观型、农业特产型、工商贸易型、民俗文化型。

1. 传统建筑型

传统建筑是指具有历史、艺术、科学、研究等价值的建筑物。此类型村落应具有保存完好的整体格局和历史风貌，传统建筑数量较多，质量较好，且具有观赏性。

2. 农业景观型

景观类农业遗产是由自然条件与人类活动长期协同进化和动态适应下所形成的独特的土地利用系统和农业景观，由区域内的自然生命景观、农业生产和生活场景等多种元素综合构成，是一种具有观赏价值的农业设施或农业要素系统。此类型村落应具有独特人文与自然结合的农业景观，包括独特的传统生态农业技术、制度、设施、生产生活方式以及丰富的生物多样性。

3. 农业特产型

特产类农业遗产，即传统农业特产是指历史上形成的某地特有的或特别著名的动植物、微生物产品及其加工品，包括初级农产品和农副产品等，有独特文化内涵和历史。此类型村落应以长期历史传承有地域特色的农产品或加工农产品著称。

4. 工商贸易型

工商贸易型村落是指以工商贸易为经济活动主要形式的村落。这类村落一般留存有比较完整的公共建筑及公用设施、道路系统、居民住宅、商业区等。

5. 民俗文化型

民俗文化遗产是指一个民族或区域在长期的农业发展中所创造、享用和传承的生产、生活习惯风俗，包括关于农业生产和生活的仪式、祭祀、表演、信仰和禁忌等。此类型村落应具有独特的生产、生活民俗与地域文化。

第二节　江苏传统村落概况

一、数量与分布

江苏位于我国东部沿海，居长江、淮河下游，东临黄海、东海。得江海交汇之利和长江三角洲之益,具有显著的区位优势。江苏总体地势平坦,西南部、北部边缘及沿长江和环太湖地区分布有低山、丘陵,且处于温带向亚热带的过渡地带,具有明显的季风气候特征,四季分明,光、热、水资源丰富,无霜期较长,自古即是农业发达之地。早在新石器时代即形成以水田种植业为主,小家畜饲养为特色,采集、渔猎为补充的原始农业生产结构。魏晋以来一直是中国的政治、经济、文化中心之一。优越的地理位置和比较发达的农村经济,使江苏在历史的长河中形成了一大批乡村聚落。

截至2016年,住建部等部门共评选了4批中国传统村落,确定了具有重要保护价值的4 153个村落列入中国传统村落名录。江苏入选村落第一批3个,第二批13个,第三批10个,第四批2个,共28个,其中13个村落已入选中国或江苏历史文化名村名录(表1-3)。

表1-3　江苏传统村落及入选中国传统村落名录

序号	村落名称	评定时间及批次	备注
1	苏州市吴中区东山镇陆巷村	第一批,2012	中国历史文化名村 江苏省历史文化名村
2	苏州市吴中区西山镇明月湾村	第一批,2012	中国历史文化名村 江苏省历史文化名村
3	无锡市惠山区玉祁镇礼社村	第一批,2012	中国历史文化名村 江苏省历史文化名村
4	苏州市吴中区东山镇杨湾村	第二批,2013	中国历史文化名村 江苏省历史文化名村
5	苏州市吴中区金庭镇东村	第二批,2013	中国历史文化名村 江苏省历史文化名村
6	苏州市吴中区东山镇三山村	第二批,2013	中国历史文化名村 江苏省历史文化名村
7	南京市高淳县漆桥镇漆桥村	第二批,2013	中国历史文化名村 江苏省历史文化名村
8	南京市江宁区湖熟街道杨柳村	第二批,2013	中国历史文化名村 江苏省历史文化名村

（续表）

序号	村落名称	评定时间及批次	备注
9	无锡市锡山区羊尖镇严家桥村	第二批，2013	江苏省历史文化名村
10	镇江市丹阳市延陵镇九里村	第二批，2013	江苏省历史文化名村
11	镇江市新区姚桥镇华山村	第二批，2013	江苏省历史文化名村
12	常州市武进区前黄镇杨桥村	第二批，2013	
13	苏州市吴中区东山镇翁巷村	第二批，2013	
14	苏州市常熟市古里镇李市村	第二批，2013	
15	镇江市新区姚桥镇儒里村	第二批，2013	
16	镇江市丹阳市延陵镇柳茹村	第二批，2013	
17	常州市武进区郑陆镇焦溪村	第三批，2014	中国历史文化名村 江苏省历史文化名村
18	南通市通州区二甲镇余西村	第三批，2014	中国历史文化名村 江苏省历史文化名村
19	南通市通州区石港镇广济桥社区	第三批，2014	
20	苏州市吴中区金庭镇衙甪里村	第三批，2014	
21	苏州市吴中区金庭镇东蔡村	第三批，2014	
22	苏州市吴中区金庭镇植里村	第三批，2014	
23	苏州市吴中区香山街道舟山村	第三批，2014	
24	苏州市昆山市千灯镇歇马桥村	第三批，2014	
25	淮安市洪泽县老子山镇龟山村	第三批，2014	
26	盐城市大丰市（现大丰区）草堰镇草堰村	第三批，2014	
27	苏州市吴中区金庭镇蒋东村后埠村	第四批，2016	
28	苏州市吴中区金庭镇堂里村堂里	第四批，2016	

从分布来看，苏州入选中国传统村落名录的传统村落数量最多，共计14个；其次是镇江，4个；无锡、常州、南京、南通各2个；淮安、盐城各1个；徐州、

连云港、宿迁、扬州、泰州则无一村落入选（图1-3）。

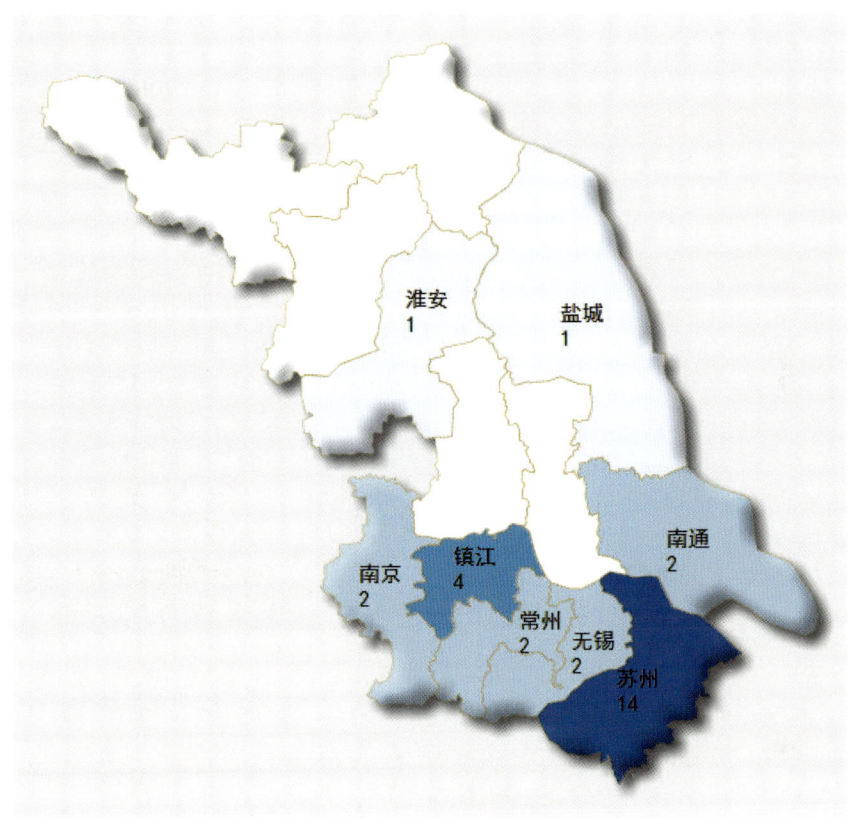

图1-3 江苏传统村落区域分布

上述统计结果显示，入选名录的村落主要集中在苏南5市，即苏州、无锡、常州、南京、镇江，约占85%，其他地区则较少，甚至无村落入选国家或省级名录，传统村落资源分布严重不均。

二、类型与特点

以农业文化遗产分类方法为基础，结合中国传统村落的特征和认定标准，将传统村落划分为5个类别：传统建筑型村落、农业景观型村落、农业特产型村落、工商贸易型村落、民俗文化型村落。以此分类标准并结合江苏的历史发展和资源特色，对江苏传统村落进行分类，28个村落归属类型如下（表1-4）。

表1-4 江苏传统村落分类与典型特征

村落类型	类型特征	典型村落代表	村落突出特征
传统建筑型	具有保存完好的整体格局和历史风貌，传统建筑数量较多，质量较好，且具有观赏性	陆巷村	东山古建筑博物馆
		杨湾村	香山帮建筑荟萃之地
		杨桥村	江南水乡古韵
		杨柳村	明清民居建筑群
农业景观型	具有独特人文与自然结合的农业景观	东村	果茶园景观
		三山村	生态农业景观
		明月湾村	传统农业生活景观
		堂里村	碧螺春茶发祥地
农业特产型	以长期历史传承和地域特色的农产品或加工农产品著称	翁巷村	果茶主产区
		衙甪里村	果茶主产区
		东蔡村	果茶主产区
		植里村	果茶主产区
		后埠村	果茶主产区
		李市村	水产养殖
		柳茹村	水产养殖
工商贸易型	以工商贸易为经济活动主要形式的村落，具有比较完整的公共建筑及公用设施、道路系统、居民住宅、商业区等	礼社村	江南商业集散地
		严家桥村	无锡民族工商业发祥地
		焦溪村	明清商贸集镇典型代表
		广济桥社区	盐商重镇
		余西村	江海龙城　盐商重镇
		草堰村	东方盐都
		龟山村	渔业生产生活民俗
民俗文化型	具有独特的生产、生活民俗与地域文化	漆桥村	江南孔氏聚居地
		儒里村	朱子文化传承地
		华山村	民间故事与传说
		九里村	季子文化传承地
		歇马桥村	韩世忠抗金驻扎之地
		舟山村	核雕之城

注：传统村落是具有复合性和交叉性的文化遗产，其构成涉及自然与人文、物质与非物质、农业与非农业等复杂内容。因此，为了村落归属清晰，仅以各村落的突出特征作为分类衡量依据

（一）江苏传统建筑型村落

传统建筑型村落需具有保存完好的整体格局和历史风貌，传统建筑数量较多，质量较好，且具有观赏性。在江苏的传统村落中，以建筑为突出特色的村落主要分布在苏南地区，并以苏州洞庭东山、西山最为集中。其中，陆巷村和杨湾村最具典型性，陆巷村拥有30余处明清建筑，被誉为"东山古建筑博物馆"；杨湾村拥有3处全国文保单位、4处市级文保单位以及57处控保单位，是"香山帮建筑的荟萃之地"。杨桥村保存了较好的历史风貌，极具江南水乡韵味。杨柳村则以丰富的明清民居建筑遗存等物质文化遗产而成为南京明清古村落的代表。

（二）江苏农业景观型村落

农业景观型村落以人文与自然结合的农业景观为突出特色，是农村与其所处环境经过长期协同进化和动态适应而形成的村落类型，也是最为符合联合国粮农组织所定义的全球重要农业文化遗产（GIAHS）[①]。此类村落需具有丰富的生物多样性，是农林牧渔相结合的复合系统，是动植物、人类与景观在特殊环境下共同适应与共同进化的系统，而且是通过高度适应的社会与文化实践和机制进行管理的系统。它还应满足当地社会经济与文化发展的需要，能够为当地提供粮食与生计安全和社会、文化、生态系统服务功能，有利于促进区域可持续发展。江苏的典型农业景观主要有稻作文化系统、桑基鱼塘系统、特色农作系统等，农业景观型村落也因此具有显著的鱼米之乡文化特色。具代表性的村落包括以生态农业景观为突出特色的三山村、以果茶园景观为特色的东村和以传统农业生活景观为特色的明月湾村等。

（三）江苏农业特产型村落

农业特产是指经过长期历史传承且具有地域特色的农产品或加工农产品。江苏

[①] 全球重要农业文化遗产（Globally Important Agricultural Heritage Systems, GIAHS）等同于世界文化遗产，"是农村与其所处环境长期协同进化和动态适应下所形成的独特的土地利用系统和农业景观，它要具有丰富的生物多样性，而且可以满足当地社会经济与文化发展的需要，有利于促进区域可持续发展"。

地处亚热带和暖温带的过渡地带，跨越三个生物气候带，气候温和，雨量充沛，境内地势平坦，河川纵横，具有优越的自然地理环境和丰富的物产资源，素有"鱼米之乡"的美誉。同时，江苏又是中华农业文明的发祥地之一，有着悠久辉煌的农业发展历史。在长期的农业发展过程中，江苏历代先民凭借卓越智慧和不懈努力，创造了种类丰富、质量上乘的特色农产品和加工农产品，涉及农、林、牧、渔、副等各类农业产业。在江苏的传统村落中，以农业特产著称，且特色农产品仍是当地居民生活来源之一的村落特征：一是以果茶种植为主，如翁巷、衙甪里、东蔡、植里、后埠、堂里等；二是以水产养殖为主，如李市、柳茹等。

（四）江苏工商贸易型村落

工商贸易型村落以承载经济活动为主要职能，因此，村落本身通常具有农业或相关产业发展基础，而且留存有比较完整的公共建筑及公用设施、道路系统、居民住宅、商业区等。江苏工商贸易型村落形成与村落的自然地理条件密切相关，包括凭借苏南太湖地区完善的水网优势而兴起的江南商业集散地——礼社，无锡民族工商业发祥地——严家桥和明清商贸集镇典型代表——焦溪；以及依靠东部临海地区的通江襟海之便而兴起的盐商重镇——广济桥、江海龙城——余西和东方盐都——草堰。

（五）江苏民俗文化型村落

民俗文化型村落具有独特的生产、生活民俗与地域文化，包括关于生产和生活的仪式、祭祀、表演、信仰和禁忌等。江苏历史悠久，民俗与地域文化资源丰富，如溱潼会船、高邮民歌、金坛抬阁、通州童子戏、溧水骆山大龙等都已列入国家级非物质文化遗产名录，季子文化、朱子文化等珍贵的文化资源也以不同的文化形式融入整个地域甚至整个民族的精神世界，为民俗文化型村落的形成和发展注入了丰厚的文化内涵。具代表性的村落还包括以渔业生产生活民俗为特色的龟山村、江南孔氏聚居地——漆桥村、韩世忠抗金驻扎之地——歇马桥村和核雕之城——舟山村等。

三、建设简况

中国村落建设工作起步较晚，1982年，才首次确立了历史文化名城制度。1986年，在国务院批转城乡建设环保部、文化部《关于请公布第二批国家历史文化名城名单报告的通知》中，对历史文化名城做出了详细解释，而且首次提到关于历史文化村镇的保护。此后，对于历史文化村镇的关注与保护工作在国内大范围展开。随着2000年西递、宏村被正式列入世界文化遗产，我国的历史村镇保护开始与世界接轨，随后颁布的《中华人民共和国文物保护法》《中华人民共和国文物保护法实施条例》和《中国历史文化名镇（村）评选办法》等，标志着我国历史文化村镇的保护开始步入法制化、程序化轨道。

2003年，建设部和国家文物局共同发布了中国历史文化名镇（村）评选办法，同时在全国范围内评定出首批共12个村落入选中国历史文化名村名录。江苏历史文化名村评选工作开始于2006年。2006年12月26日，江苏省政府办公厅公布了第4批江苏省历史文化名镇（村）名单，首次将"历史文化名村"列为评选项目，同时公布了苏州市明月湾村、苏州市陆巷村、无锡市严家桥村、丹阳市九里村4个入选村落。2009年10月公布的第6批江苏省历史文化名镇名村名单中，无锡市礼社村入选。2013年第7批评选中，苏州市杨湾村、苏州市东村、常州市焦溪村、苏州市三山村、镇江市华山村、南京市漆桥村、南通市余西村、南京市杨柳村8个村落入选。

随着"美丽乡村"这一社会主义新农村建设目标的提出，传统村落相关研究进一步成为热点。2012年，住建部、文化部、国家文物局、财政部联合启动了传统村落的全面调查，同年进行了专家审定与《中国传统村落名录》的甄选工作，进一步明确了传统村落在美丽乡村建设中的重要地位，相关政策陆续完善（表1-5）。

表 1-5　部分已颁布的法律法规及相关政策

名称	时间	主要内容	文号
《关于开展传统村落调查的通知》	2012.4	中国正式启动传统古村落的全面调查工作	建村〔2012〕58号
《传统村落评价认定指标体系（试行）》	2012.8	评价传统村落的保护价值，认定传统村落的保护等级指标体系	建村〔2012〕125号
《关于加强传统村落保护发展工作的指导意见》	2012.12	充分认识传统村落保护发展的重要性和必要性，明确基本原则和任务，继续做好传统村落调查，建立传统村落名录制度，推动保护发展规划编制实施，保护传承文化遗产，改善村落生产生活条件，加强支持和指导，加强监督管理，落实各级责任，加强宣传教育	建村〔2012〕184号
《中共中央 国务院关于加快发展现代农业　进一步增强农村发展活力的若干意见》	2013.1	科学规划村庄建设，严格规划管理，合理控制建设强度，注重方便农民生产生活，保持乡村功能和特色。制定专门规划，启动专项工程，加大力度保护有历史文化价值和民族、地域元素的传统村落和民居。农村居民点迁建和村庄撤并，必须尊重农民意愿，经村民会议同意。不提倡、不鼓励在城镇规划区外拆并村庄、建设大规模的农民集中居住区，不得强制农民搬迁和上楼居住	
《关于做好2013年中国传统村落保护发展工作的通知》	2013.7	工作目标与原则，建立中国传统村落档案，完成保护发展规划编制，明确保护发展工作责任	建村〔2013〕102号
《传统村落保护发展规划编制基本要求（试行）》	2013.9	为切实加强传统村落保护，促进城乡协调发展，根据《中华人民共和国城乡规划法》《中华人民共和国文物保护法》《中华人民共和国非物质文化遗产法》《村庄和集镇规划建设管理条例》《历史文化名城名镇名村保护条例》等有关规定，制定传统村落保护发展规划编制基本要求（试行），适用于各级传统村落保护发展规划的编制	建村〔2013〕130号

（续表）

名称	时间	主要内容	文号
《关于切实加强中国传统村落保护的指导意见》	2014.4	为贯彻落实党中央、国务院关于保护和弘扬优秀传统文化的精神，加大传统村落保护力度，提出传统村落保护的指导思想、基本原则和主要目标，主要任务，基本要求，保护措施，组织领导和监督管理，中央补助资金申请、核定与拨付等指导意见	建村〔2014〕61号
《2014年第一批列入中央财政支持范围的中国传统村落名单》	2014.7	公布2014年第1批（327个）列入中央财政支持范围的中国传统村落名单	建村〔2014〕106号
《关于做好中国传统村落保护项目实施工作的意见》	2014.9	对做好中国传统村落的规划实施准备、挂牌保护文化遗产、严格执行乡村建设规划许可制度、确定驻村专家和村级联络员、建立本地传统建筑工匠队伍、稳妥开展传统建筑保护修缮、加强公共设施和公共环境整治项目管控、严格控制旅游和商业开发项目、建立专家巡查督导机制、探索多渠道、多类型的支持措施、完善组织和人员保障、加强项目实施检查与监督等方面提出了明确要求	建村〔2014〕135号
《关于进一步做好全国重点文物保护单位和省级文物保护单位集中成片传统村落整体保护利用工作的通知》	2014.9	进一步推动和规范全国重点文物保护单位和省级文物保护单位集中成片传统村落整体保护利用工作	文物保发〔2014〕27号
《2014年第二批列入中央财政支持范围的中国传统村落名单》	2014.12	公布2014年第2批（273个）列入中央财政支持范围的中国传统村落名单	建村〔2014〕180号
《住房城乡建设部 国土资源部 公安部关于坚决制止异地迁建传统建筑和依法打击盗卖构件行为的紧急通知》	2015.6	抓紧开展传统建筑调查建档和挂牌保护；禁止擅自拆除和异地迁建传统建筑；加强传统建筑交易管理；做好群防群控；开展专项督查	建村〔2015〕90号

（续表）

名称	时间	主要内容	文号
《住房城乡建设部等部门关于做好2015年中国传统村落保护工作的通知》	2015.6	做好中国传统村落纳入中央财政支持范围申请；继续开展传统村落补充调查；建立地方传统村落名录；抓好中国传统村落保护项目的实施和日常监管；开展中国传统村落保护项目实施情况专项督查	建村〔2015〕91号
《住房城乡建设部等部门关于公布2015年列入中央财政支持范围的中国传统村落名单的通知》	2015.8	将491个中国传统村落列入2015年中央财政支持范围	建村〔2015〕120号
《住房城乡建设部等部门关于做好2015年中央财政支持村落项目实施和2016年拟列入中央财政支持范围中国传统村落技术审查工作的通知》	2016.3	认真做好2015年列入中央财政支持范围的中国传统村落保护项目的组织实施，抓紧开展2016年拟列入中央财政支持范围的中国传统村落技术审查	建村〔2016〕59号
《住房城乡建设部等部门关于公布2016年列入中央财政支持范围的中国传统村落名单的通知》	2016.5	公布750个中国传统村落列入2016年中央财政支持范围	建村〔2016〕99号
《住房城乡建设部办公厅等部门关于印发〈中国传统村落警示和退出暂行规定（试行）〉的通知》	2016.11	试行传统村落警示和退出机制	建办村〔2016〕55号
《住房城乡建设部等部门关于公布2016年第二批列入中央财政支持范围的中国传统村落的通知》	2016.12	公布219个中国传统村落列入2016年第2批中央财政支持范围	建村〔2016〕297号
《住房城乡建设部办公厅关于做好中国传统村落数字博物馆优秀村落建馆工作的通知》	2017.2	为实施中国传统村落保护工程有关要求，推动中国传统村落数字化工作，启动中国传统村落数字博物馆建设	建办村函〔2017〕137号

（续表）

名称	时间	主要内容	文号
《住房城乡建设部等部门关于公布2017年列入中央财政支持范围和2018年拟列入中央财政支持范围中国传统村落名单的通知》	2017.5	将600个中国传统村落列入2017年中央财政支持范围，444个中国传统村落拟列入2018年中央财政支持范围	建村〔2017〕109号
《住房城乡建设部等部门关于公布2018年列入中央财政支持范围中国传统村落名单的通知》	2018.4	将444个中国传统村落技术文件备案并列入2018年第一批中央财政支持范围；决定将156个中国传统村落列入2018年第二批中央财政支持范围	建村〔2018〕47号
《国家文物局办公室关于做好首批51处全国重点文物保护单位和省级文物保护单位集中成片传统村落整体保护利用项目评估工作的通知》	2018.4	为总结推广传统村落保护利用工作经验，开展首批51处国保省集中成片传统村落整体保护利用项目评估工作	办保函〔2018〕346号

此外，要求每个列入中国传统村落名录的传统村落都根据《中华人民共和国城乡规划法》《中华人民共和国文物保护法》《中华人民共和国非物质文化遗产法》《村庄和集镇规划建设管理条例》《历史文化名城名镇名村保护条例》《传统村落保护发展规划编制基本要求（试行）》等有关规定，编制相应的保护发展规划，以确保每个传统村落得到切实有效的保护。2015年，《美丽乡村建设指南》由国家质检总局、国家标准化管理委员会发布并实施，为相关研究提供了确切的数据指标。

自村落建设工作开展以来，江苏省对村落历史文化遗存保护极为重视。2002年，江苏率先出台《江苏省历史文化名城名镇保护条例》，明确了历史文化名城名镇保护制度，奠定了江苏历史文化名城名镇保护的法制基础。2009年，江苏省住房城乡建设厅和省文物局联合提请省政府办公厅转发了《关于进一步规范历史文化名城名镇名村申报认定工作的意见》（苏政办发〔2009〕122号），明确了传统风貌与格局具有特色，文物古迹较为丰富的古村落，可以由所在城市、县人民政府向省人民政府申报历史文化名村，符合申报条件的，由江苏省人民政府公布为江苏省历史文化名村。同时明确了历史文化名村保护规划的制定、实施以及监督管理等规定。2010年起实施的《江苏省城乡规划条例》中,进一步明确了历史文化名村应当编制保护规划,经所在地城市、县人民代表大会常务委员会审议后,报江苏省人民政府审批。2011年起,江苏省委省政府实施"村庄环境整治行动计划"以来,要求在推进村庄环境面貌改善的同时,突出传统村庄肌理、形态保护和乡土文化传承,着力塑造乡村特色风貌,为村落文化遗产的延续发展提供新的动力。江苏省住房城乡建设厅组织编写了《江苏省村庄环境整治技术指引(试行)》,要求各地在村庄环境整治中确定适宜的整治目标和方式,对于具有自然、历史人文特色的村庄,要强化地方特色和乡村风貌塑造。同时要求有关市、县严格按照国家《历史文化名城名镇名村保护条例》(2008年7月实施)和《历史文化名城名镇名村保护规划编制要求(试行)》(2013年3月颁布)的有关规定,按期组织编制完成历史文化名村保护规划,依法加强对历史文化名村的保护、利用和管理工作。此外,《江苏省历史文化名村(保护)规划编制导则》也由江苏省住房城乡建设厅于2014年7月下发。

江苏省委2016年一号文件提出,"十三五"期间江苏将对1 000个左右省级传统村落和传统民居建筑组群进行保护。将实施"村庄环境改善提升行动",以村庄生活污水治理、美丽乡村建设和传统村落保护为重点,开展"规划设计引导、康居村庄建设、特色村庄培育、传统村落保护、生活污水治理"5项工程。通过一系列工作,江苏将力争实现4万个左右规划发展村庄的村庄规划优化调整全覆盖,1 000个左右省级传统村落和传统民居建筑组群得到有效保护,建设1万个左右美丽宜居村庄。

江苏还在全国率先以省政府规章形式对传统村落进行立法保护。2017年12月1日,《江苏省传统村落保护办法》(省政府令第117号)(以下简称《办法》)颁布实施,从基本原则、工作体制机制、保护对象、申报认定、规划管理、保护和利用等方面进行了规范。办法规定,损坏或者擅自迁移、拆除传统村落内的传统建筑的,由县(市、区)人民政府住房城乡建设主管部门责令停止违法行为、恢复原状或者采取其他补救措施,对单位可以处以5000元以上3万元以下的罚款,对个人可以处500元以下的罚款;对传统村落价值造成损失的,依法承担赔偿责任。地方各级人民政府及其有关主管部门的工作人员在传统村落保护工作中，玩忽职守、滥用职权、徇私舞弊，导致传统村落遭到严重破坏的，依法给予处分；构成犯罪的，依法追究刑事责任。《办法》的出台体现了江苏历史文化名城名镇名村和传统村落保护制度体系的不断完善，全省历史文化保护水平的不断提升，也标志着江苏对"乡愁记忆"的保护落到实处。

第二章
江苏传统建筑型村落

第二章 江苏传统建筑型村落

传统建筑型村落需具有保存完好的整体格局和历史风貌，传统建筑数量较多，质量较好，且具有观赏性。江苏建筑型村落主要分布在苏南地区，并以洞庭东山、西山最为集中。具有代表性的村落包括：陆巷村，被誉为"东山古建筑博物馆"；杨湾村，是"香山帮建筑的荟萃之地"；杨桥村，保存了较好的历史风貌，极具江南水乡韵味；杨柳村，以丰富的明清民居建筑遗存而成为南京明清古村落的代表。

第一节　传统建筑型村落概述

建筑产生于人类生活的实际需要，其形制材料受制于自然环境因素，装饰风格又受到文化制度等方面影响。中国传统建筑包括宫殿、坛庙、陵墓、寺庙、砖石塔、民居、园林建筑等类型。其中，传统民居以及古街巷弄构成了村落的骨骼，是村落得以形成的支撑，也是衡量一个村落是否传统的重要指标。所以在住建部等部门制定的《传统村落评价认定指标体系（试行）》中，"村落传统建筑评价指标体系"是被列在第1位的。

在江苏的传统村落中，以建筑为突出特色的村落主要分布在苏南地区，并以苏州洞庭东山、西山最为集中。如三山村保留代表性明清古建筑32处；明月湾村保存明清建筑20余处；东村有省级文物保护单位3处、市级文物保护单位1处、苏州市控制保护建筑6处、第3次文物普查新发现文物点15处和其他传统建筑7处；堂里、东蔡、植里、后埠等村也拥有多处价值较高的明清建筑或古道街巷。据陆元鼎统计[1]，东山、西山约有民居32万间，其中，约有5%建于明代和清初，约40%建于清代晚期，是江苏明清古建筑分布最集中的地区。其中，陆巷村和杨湾村最具典型性，陆巷村拥有30余处明清建筑，被誉为"东山古建筑博物馆"；杨湾村拥有3处全国文保单位、4处市级文保单位以及57处控保单位，是"香山帮建筑的荟萃之地"。同样地处苏南地区的杨桥村保存了较好的历史风貌，域内古街、古河、古桥、古井、古宅遗迹丰富，明清建筑毗邻成市，河道石驳岸保存完好，5条老街

---

[1] 陆元鼎：《中国民居建筑》，广州：华南理工大学出版社，2003年，中卷第374页。

巷古味犹存，古宅临水而建，村民傍水而居，建筑粉墙黛瓦，街巷婉转幽深，极具江南水乡韵味（表2-1）。

表 2-1 江苏传统建筑型村落

典型村落代表	突出特征
苏州市吴中区东山镇陆巷村	东山古建筑博物馆
苏州市吴中区东山镇杨湾村	香山帮建筑荟萃之地
常州市武进区前黄镇杨桥村	江南水乡古韵
南京市江宁区湖熟街道杨柳村	明清民居建筑群

苏南环太湖地区多为低山丘陵地带，受地势所限，村落选址通常在坡度较为平缓的山坞或背山面水的湖湾。山坞长度小于 500 米，坞底坡度在 7°~8° 的山坞称为浅坞。浅坞地形隐蔽，坡度平缓，冷空气不易在坞底积聚，有利于常绿果树越冬。坞内土层深厚，土壤肥沃，水热条件较好，植被茂盛，宜于耕种。坞口面向太湖的村落还具备舟楫、灌溉、养殖之便。背山面水的湖湾则由于自然条件优越，景观优美，且可与山坞或山体组成环山面水的布局，因此也是较好的村落选址。有学者根据东山、西山的村落样本，将村落布局初步归纳为 4 种形态①。

（1）山坞型

民居隐居在山坞中，沿山溪或支坞两侧分布，村落沿等高线呈内凹弯曲。如堂里、植里等即属此类型。

（2）湖湾型

背靠山丘，村落沿湖湾分布，平面形态成弧形内凹，与太湖相距较近，村口通常挖有池塘，引太湖水流入。如杨湾、明月湾等即属此类型。

---

① 曹健，张振雄：《苏州洞庭东、西山古村落选址和布局的初步研究》，《苏州教育学院学报》2007 年第 3 期，第 72-74，93 页。

（3）山坞与山坞组合型

两个临近村落沿山坞内山溪和等高线分布，最终连结为一个大的村落，两个山坞中间有古街相通，主轴平面形态呈"一"字形。如东蔡、西蔡、东村等即属此类型。

（4）山坞与湖湾组合型

山坞的坞口面向湖湾，风水景色俱佳，平面形态呈"马蹄"形。如陆巷、三山等即属此类型。

当地民居的平面布局方式和建筑装饰带有典型的香山帮建筑特色。香山帮是苏式建筑工匠团体，发源于吴地香山地区，包括木作、水作、木雕、砖雕、石雕等多个工种。明清时期，江南商品经济的繁荣推动了香山帮建筑的蓬勃发展，香山帮也成为这一时期以吴地为中心的江南地区民居的主要营造组织，为当地留存了大量独具地方风格和装饰特色的民居建筑。

苏式民居的平面布局与《营造法原》所总结的基本一致，即"吴中住宅平面之布置，自外而内，大抵先门第，而茶厅、大厅、楼厅，每进房屋均隔以天井（图2-1）。楼厅以后，或临界筑墙，或辟园囿。凡在正中纵线上之房屋，谓之正落。两旁之建筑物，称为边落。边落则建花厅书厅，其后建厨房和下房"[①]。如杨湾村的明善堂，陆巷村的惠和堂、遂高堂等民居的平面布局都具有清晰的中轴线，大厅位于

图2-1 苏式民居（刘馨秋摄）

---

① 姚承祖：《营造法原》，北京：中国建筑工业出版社，1986年，第11页。

中轴线上，向东分布门楼、照墙，向西分布后厅，两侧设厢房、附房杂间，北邻附设花园，符合苏派民居的平面特征。建筑手法则以砖雕、木雕、石雕、彩绘为主，装饰题材主要来源于民间故事、神话传说、历史典故、文学作品等，多为祈望五福祥瑞的民间传统题材。同时也有专门反映主人审美趣味和个人喜好的题材，如陆巷王鏊故居惠和堂、杨湾明善堂大厅的棹木即采用"纱帽"做法，以示主人在朝廷为官[①]。

杨柳村的建筑特色也深受香山帮影响。杨柳村位于南京市南部近郊，其以背山面水的环境背景，依塘而居、沿路拓展的村庄格局，丰富的明清民居建筑遗存等物质文化遗产而成为南京明清古村落的代表（图2-2）。杨柳村由朱家七世祖朱孔阳始建于1579年，随后刘氏、赵氏、时氏等家族相继落户至此，历时200余

图2-2 杨柳村（左图参见南京市规划局网站，右图为刘馨秋摄）

年，至清乾嘉年间建成村落鼎盛时期的36堂，共1 400余间房屋，其规模宏大，建筑精巧，为南京地区所罕见。最具代表性的名居建筑是国家级文物保护单位杨柳村古民居群（九十九间半）。九十九间半建于清乾隆年间后期，是杨柳村36堂中建造最晚的民居，俗称"三堂上"，相传是清朝"金陵三大商"之一的朱侯山为他三个儿子所建的3个堂，分别是恩承堂、礼和堂和树德堂。九十九间半占地5 000余平方米，上下两层前后四进深，是走马楼式民居建筑，以"堂"为单位的"横向多路、纵向多进"的院落格局，共计房舍145间。建筑风格古朴典雅，设计独具匠

[①] 臧丽娜：《明清时期苏州东山民居建筑艺术与香山帮建筑》，《民俗研究》2004年第1期，第129-139页。

心，具有"青砖小瓦马头墙，轿式大门花格窗"的建筑风貌，其中被称为"老宅三绝"的"三雕"（砖雕、石雕、木雕）艺术是南京明清民居建筑的典范。中华人民共和国成立后，九十九间半先后被海军第五医院、秣陵中学、龙都中学等占用。2002年被评为江苏省文物保护单位，2007年被中共南京市委宣传部列为南京对外文化交流基地，2013年被国务院公布为国家第七批重点文物保护单位。此外，杨柳村的历史遗迹还包括区级文物保护单位慎德堂、敦本堂、四本堂、思贻堂、铭馨堂、翼圣堂、崇厚堂、敦朴堂8处；历史建筑映雪堂、省六堂、安雅堂、酌雅堂4处；粉坊巷、油坊巷、糟坊巷等6条历史街巷以及东沟、西沟以及环绕村落的历史河塘等。其丰富的明清民居建筑遗存具有较高的文化价值与建筑科学价值，也是杨柳村最具特色的遗产资源。

除苏式建筑特色村落以外，焦溪的黄石半墙和广济桥的苏北民居也极具地方性特征。焦溪地处常州、无锡、江阴三市交界处，是典型的江南商贸集镇，但其建筑风格呈现"南地北风"的鲜明特征。众多民居建筑墙体下半部分用附近山上开采的黄石砌就，辅以铁搭和地钉扣住加固，形成独特的"黄石半墙"建筑风格，是焦溪古村独有的景致。

广济桥[①]位于南通市通州区石港镇，其街巷空间主要特征以十字交叉的东西大

图2-3 广济桥（刘馨秋摄）

---

① 内容参考《广济桥社区》相关资料。

街和米市桥北路为主，小巷为辅，且与主要街道相连（图2-3）。现存的东西向主要交通空间西大街和东大街西段，全长540米，平均宽度2.7米，步行街道。街道出现细微的收缩、放大和转折，这些空间变化处所出现的古树、小广场、古井、门楼、建筑成为不断变化的视觉中心，使行人行走其中不觉乏味。老街区的空间结构层次清晰分明，相互渗透。沿街两侧是传统的商住两用的苏北民居，店宅一般是可拆卸的排式门板，街道上的行人可以直接进入店内，居民的活动也可以延伸院落内。社区的滨河空间形式一般可归纳为"河—街—房"的模式，桥梁多为平板桥。建筑类型以住宅和商铺为主，从住宅平面控制来看，主要有"间""合院"两种模式。"间"模式主要分布在以商业功能为主的街两侧，在临街使用空间有限的条件下，内部生活空间的扩延必须向纵深方向发展，前店后宅等就成为社区商业街区的主要建筑形态特征。而"合院"型住宅则分布在除主要街区之外的街巷内，院落空间一般都相对独立，院落间交通、采光、通风等通过正堂和天井来组织。空间序列组合依据"门堂制度"，在纵轴线主导下排列门屋和正堂，再配以两厢，在控制院落关系之中，纵为主，横为次，依次为宅大门、二门、院落、正房。大门多为蛮子门，在前檐柱和后金柱上各有木制抱框，社区民居的二门市门楼的精品，为简单的垂花门，使用抱鼓石，在两个抱鼓石之间有二尺高门槛（"提闼门"）。二门前后有精美的门罩，雕刻忍冬草花纹，在门罩靠墙的部位还雕刻了活灵活现的悬鱼，这也是社区近海文化的表现。

第二节　江苏传统建筑型村落个案研究

一、陆巷——东山古建筑博物馆

（一）历史与建制沿革

陆巷村[①]位于洞庭东山后山的山坞之中，距离东山镇中心12公里，是一座有

---

① 内容参考《陆巷古村》相关材料。

图 2-4　陆巷村（刘馨秋摄）

着 800 多年历史的传统村落，被誉为"太湖第一古村"（图 2-4）。村落被嵩山、寒谷山两山环抱，空间相对封闭，易守难攻，西南与太湖相连，湖湾附近岬口湖水较深，有利于渔船停泊，便于出行。同时，受太湖小气候影响，村落四季气候温和，空气湿润，热量水分充足，适于多种作物生长，自古即是江南富庶之地。

宋靖康元年（1126 年），金兵南下，随宋高宗赵构南渡的战将翁、王、叶、陆、姜、金（韩）六家族途经太湖时，便将家眷安置于此，辟巷建村，形成了 6 条呈扇面状伸向山坞的小巷，也构成了陆巷"一街六巷三河浜"的空间格局。因苏州方言中"六"与"陆"同音，故名陆巷，属东山管辖。

元代后期，王氏后代王彦祥入赘陆家，先后育有五子。三子王敏，字惟贞，自幼聪敏，深谙理财之道，为王氏家业打下基础。如《乡志类稿》所载，"王氏世以居积，致产不赀，中乃稍微，至惟贞复振其业，亦见其术之有徵也。"以王惟贞为代表的洞庭山人真正成为一个著名的商人资本集团，即洞庭商帮。洞庭商帮是中国历史上十大商帮之一，经营涉足多个行业，足迹遍布大江南北，被称为"钻天洞庭"。陆巷也由此成为洞庭商帮的发祥地之一。

王彦祥四子王逵（1390—1453 年），字惟道，自律好学重礼，鼓励家族子弟读

图 2-5　街巷（刘馨秋摄）

书。其孙王鏊即得益于此。王鏊（1449—1524年），字济之，号守溪，晚号拙叟，明代名臣、文学家，其门人唐寅赞他"海内文章第一，山中宰相无双"。王鏊自幼好学善读，25岁乡试中解元，26岁会试中会元。家乡陆巷先后为其建造了登俊坊、解元坊、会元坊、探花坊、阁老坊。康熙五十一年（1712年），王鏊八世孙王世琛状元及第，陆巷又建造了状元墙门。

历明清近600年，莫厘王氏人才辈出，王鏊、王世琛之后，又先后出了10名进士和17名举人。陆巷古村也名扬神州，文徵明、唐伯虎、祝枝山、龚自珍、李根源等各个历史时期的一批批文士骚客均来此造访题咏。①

随着王氏名盛天下，陆巷又得依山傍水之胜，一些与王氏有姻亲的或亲朋好友都汇集陆巷相继购地筑宅，村内巨宅鳞比，屋宇恢宏，牌坊相接，街巷贯通（图2-5，图2-6）。

图 2-6　河道（刘馨秋摄）

---

① 薛利华：《苏州东山的氏族与古村落》，《江苏地方志》2005年第2期，第25—28页。

建制沿革

建村开始属吴县东山管辖。

南宋末年，陆巷随东山从吴县划出归浙西路湖州乌程管辖。

元代沿袭宋制。

明洪武五年（1372年），东山复归苏州府吴县管辖，陆巷随之。

清雍正十三年（1735年），东山设太湖厅，陆巷归太湖厅管辖。

咸丰十年（1860年），东山一度隶属浙江湖州府。

民国纪元（1912年），撤太湖厅，设洞庭县，时陆巷属东山后乡。

民国十七年（1928年），合东山前后乡为东山乡。

民国十八年（1929年），改东山乡为十七区，时陆巷属十七区。

民国二十三年（1934年），改东山十七区为十二区，时陆巷属十二区。

民国二十九年（1940年），改东山为东山区，时陆巷属东山区。12月复称十二区。

1949年，全国解放，东山属特别行政区——太湖行政办事处管辖，陆巷为后山乡政府所在地。

1954年，撤太湖办事处，建震泽县，陆巷属震泽县湖中乡，湖中区政府就设在陆巷。

1958年，撤乡并社，陆巷成为太湖人民公社所在地。

1970年，社镇合并，东山地区统一由洞庭公社管辖。

1980年，更名为东山人民公社，时陆巷归东山人民公社管辖。

1983年6月，成立东山乡人民政府。

1985年2月，撤乡建镇，成立东山镇人民政府。

2003年11月，含山、白沙、北望三村合并成一个行政村——陆巷村。

（二）传统建筑资源

陆巷村留存了大批珍贵的传统建筑文化遗产，包括一街六巷（紫石街、古西巷、旗杆巷、姜家巷、韩家巷、文宁巷、康庄巷)等历史街巷，遂高堂、三有堂、景岁堂、世和堂、三德堂、双桂楼、惠和堂等26处文保单位，怀德堂、怀古堂、昭仁堂、金元堂、仁合堂、景和堂、会辅堂、宝俭堂、维新堂等11处优秀传统建筑，以及部分传统民居、河道、牌坊、过街楼等历史遗迹（表2-2）。陆巷是目前江南建筑群体中质量最高、数量最多、保存最完好的传统村落，有"东山古建筑博物馆"之称。

表2-2 陆巷村物质文化遗存要素

项目	景观	
历史街巷	一街六巷（紫石街、古西巷、旗杆巷、姜家巷、韩家巷、文宁巷、康庄巷）	
文保单位	遂高堂、三有堂、景岁堂、世和堂、三德堂、双桂楼、惠和堂等26处	
优秀传统建筑	怀德堂、怀古堂、昭仁堂、金元堂、仁合堂、景和堂、会辅堂、宝俭堂、维新堂等11处	
传统民居	多处	
历史空间场所	寒山落照	
特色构筑环境设施古树名木	古牌坊	探花牌坊、会元牌坊、解元牌坊
	古河道	寒山浜、陆巷浜、蒋湾浜
	古渡口	寒谷渡、陆巷渡、蒋湾渡
	古井	11口
	古水塘	10处
	过街楼	1座
	河埠头	4个

资料来源：江苏省住房和城乡建设厅编《江苏历史文化名村保护规划汇编》

据《营造法原》记载，吴地民居的平面布局通常以纵轴线为准绳，自外而内次第为照墙、门厅、轿厅、大厅、楼厅，每进房屋均隔以天井。楼厅以后，或临界筑墙，或辟园囿。建在正中纵线上的房屋，称为正落，建于两旁的称为边落。边落建花厅、书厅，其后建厨房和下房。[1] 位于陆巷王家里花翎巷西侧的王鏊故居惠和堂，即集中了大型群体厅堂建筑的布局特征。

"惠和"取"给人恩惠，世代和睦"之意。惠和堂占地面积约为5 000平方米，建筑面积近3 000平方米，共有厅、堂、楼、库、房等百余间。其平面纵轴线分3路：大厅位于中轴线上，向南布置轿厅、门楼、墙门，向北布置堂楼、后楼、后屋、花园等，左右侧路轴线由南向北布置门间、花厅、客厅、书厅、住楼等。[2] 惠和堂轩廊制作精细，大部分为楠木制成；瓦、砖、梁、柱均有与主人的宰相身份相应的雕绘图案，如大厅的棹木上雕饰"纱帽"的做法，即为江南官宦宅邸的代表。

（三）保护与利用情况

陆巷古村的保护工作始于2000年。当时东山镇政府与陆巷村民委员会共同筹资30万元，相继修复了原陆巷小学惠和堂及紫石街上的探花、会元、解元3座牌楼，并于2001年10月对游人开放。

2003年，白沙、北望、含山3个自然村合并成现在的陆巷行政村。行政村内共有人口近5 000人，1 746户，其中古村面积约1平方公里，居民200余户，主要分布在合并之前的含山村范围内。

2006年，利用民间资金相继修复了怀德堂、宝俭堂、会老堂3座古宅，其中，怀德堂与宝俭堂作为旅游景点开放。

2007年，吴中区和东山镇共同投资，修缮紫石街、韩家巷、姜家巷、康庄巷、古西巷、旗杆巷等1 000多米路面，紫石街到宝俭堂的青砖路面，并疏浚长约1 000米的寒山港。对一街六巷的民居进行规模立面改造，三线入地改造，恢复村落历史风貌。

2012年，陆巷村被评为中国传统村落，并着手进行村落内立面修复，3块牌楼的修复，两个古码头的复建，3条河道的整修，民国菜场和三有堂的修复等项目。已完成民国菜场和三有堂的修复工作，正在着手进行粹和堂的收购和修缮。

---

[1] 姚承祖：《营造法原》，北京：中国建筑工业出版社，1986年，第11页。
[2] 臧丽娜：《明清时期苏州东山民居建筑艺术与香山帮建筑》，《民俗研究》2004年第1期，第129-139页。

经过 10 余年的努力，陆巷村已经形成了以政府为主导，企业与村民参与的发展模式，由苏州市政府进行全面统筹规划，通过苏州古村落保护和利用领导小组对陆巷村的整体发展进行全面规划、保护、监督与管理，建立了严格有效的古村落保护体系。此外，还在东山镇成立陆巷古村落保护领导小组，并在村里设立古村落保护和利用办公室，负责村落的进行日常管理，形成了完善的市、镇、村三级管理机构。

目前，陆巷村民的生活环境、生产环境获得较大改善，经济收入也因旅游业发展有所增加。农副产品价格提升，销售渠道和销售模式也在发生变化。以前村民要自己上山采摘枇杷、杨梅等水果，然后再翻山挑到镇上去卖，现在游客自己上山直接采摘，村民不仅省了力气，而且还能卖出更高的价格。第三产业也逐渐发展，陆巷行政村的农家乐数量已经有 60 余家，每家年收入能达到 20 万元（图 2-7）。

图 2-7　陆巷村内农家乐（刘馨秋摄）

在取得一定成绩的同时，陆巷古村的保护工作也遇到了诸多困难。据相关负责人介绍，由于陆巷村建造年代较早，且大多为砖木结构，因此，存在不同程度的房屋损坏、屋顶渗漏、墙面裂缝、虫蛀腐烂等情况。这些历史建筑居住条件差，住户多而杂，往往一栋老房子里住着十几户人家，私自搭建、乱拉电线等现象严重，危及历史建筑的安全。急需定期保护修缮和维护保养。而保护修缮历史建筑的成本较大，政府出资修缮历史建筑的专项资金有限，对于其他大量有保护价值的历史建筑无法顾及。另外产权问题是古村落保护的难题，修缮后的建筑其使用范围、方式受到相关文物法律法规的约束，使得历史建筑所有人或使用人受到一定限制，导致目前社会投资保护修缮历史建筑的积极性还不是很高。同时，由于宣传力度不够，在过去相当长一段时间里，村民对历史文化遗产保护不够重视，对于如何在具体的日常行为和生活工作中去切实保护利用好文化资源，更缺乏相应的认识。而且由于保护措施不够有力，造成一些有价值的古建筑构件被破坏或流失。近年来，随着城乡一体化建设步伐加快，大规模的开发建设又对村落保护造成较大冲击，古建筑的保护防线常常轻易地被冲破。如新村建设、旧村改造、道路动迁等，都牵涉历史建筑保护问题，使原有的保护性规划较难落实。村落原有的场所、节点、街巷空间正逐步缺失，部分体现传统特色的历史空间被侵占，出现了水体污染、新建建筑与传统建筑的不协调等诸多问题。住在历史建筑里的居民希望改善居住环境，要求拆掉历史建筑翻造新房；农村环境整治原则要求村容村貌整洁划一，难免破坏古建筑的原有风貌。

二、杨湾——香山帮建筑荟萃之地

（一）历史与建制沿革

杨湾[①]位于太湖东山半岛南首，其历史可追溯至春秋吴越争霸时期，是吴王屯兵练兵之地，吴国的演武墩练兵场、铜鼓山点兵台、南望烽火台等军事设施均修建于此处。相传吴国名臣伍子胥曾在此迎母归来，吴人为纪念此事，特修建胥母殿用以祭祀，即现在的国家级文保单位轩辕宫（图2-8）。秦汉时期，当地人口稀少。

图2-8 杨湾（刘馨秋摄）

---

① 内容参考《杨湾》相关材料。

至南北朝时，梁武帝天监元年（502年）于碧螺峰下建灵源寺、天监二年长圻东岭建能仁寺，隋唐时又兴建灵顺宫（今轩辕宫前身）、弥勒寺等大型寺庙，吸引四方教徒云集，杨湾渐成名僧文人朝拜云游胜地。南宋初期，中原人口南迁东山，杨湾渐成村落雏形。至明清时期，杨湾形成了以氏族大户为主的杂姓聚居村落，并凭借良好的水运交通条件，发展成为东山西南部的重要交通枢纽和商品集散地，同时也是重要的政治和文化中心。

2005年6月，杨湾被列入苏州首批控制保护古村落。2006年，东山镇政府组织对杨湾古村内文物古迹全部造册登记，其中文物保护单位和控保建筑全部挂牌保护。2007年9月，《苏州市东山镇杨湾古村落保护与建设规划》编制完成；同年10月，成立古村保护与发展管理办公室。目前，杨湾保存有29 638平方米的明清古建筑群落，形成了以1 461米的杨湾古街为中心区域并向左右两侧辐射的历史街区，名列中国传统村落、中国历史文化名村、江苏省历史文化名村等名录。

建制沿革

周简王元年（公元前585年），泰伯十九世孙寿梦称王，建立吴国，杨湾属吴国。周元王三年（公元前473年），越国灭吴，杨湾属越国。周显王三十六年（公元前333年）楚国灭越，杨湾属楚国。

秦始皇二十六年（公元前221年），秦国建置吴县，杨湾为吴县辖地。

汉初因袭秦制，东汉公浙以西为吴郡；三国时，杨湾随东山属东吴；晋属吴之吴郡；至南朝梁代东山已相当发达，杨湾一些大寺庙大都建于此间，如灵源寺、能仁寺等。

公元589年隋平陈，改吴州为苏州，杨湾随东山隶属苏州；唐朝时属江南道之吴郡。

南宋初期，北方人口南迁，杨湾建村，随东山属浙西路湖州乌程县。

元沿袭宋制，杨湾仍属浙西路湖州乌程县。

明洪武五年（1372年），东山复归苏州府吴县管辖，杨湾随之。

清雍正十三年（1735年），东山设太湖厅，县级设置，杨湾属太湖厅管辖。

咸丰十年（1860年），杨湾随东山一度隶属浙江湖州府。

民国纪元（1912年），撤太湖厅，设洞庭县，东山分置东前山乡、东后山乡，时杨湾属东后山乡。

民国十七年（1928年），合东前山乡、东后山乡为东山乡。

民国十八年（1929年），改东山乡为吴县第十七区，时杨湾属十七区。

民国二十三年（1934年），改东山第十七区为第十二区，时杨湾属十二区。

1949年，全国解放，东山属特别行政区——太湖行政办事处管辖（县级机构），辖东山、西山两区，时杨湾属东山区。

1953年，撤太湖办事处，改设震泽县，下辖东山、西山及水上5个区，杨湾属第一区（东山区）。

1956年，撤区并乡，杨湾设乡，为当时东山一镇三乡之一（东山镇、杨湾乡、渡桥乡、后山乡）。

1958年，撤乡并镇，成立洞庭人民公社，杨湾属之。

1980年，洞庭公社更名为东山人民公社，杨湾更名为东山公社杨湾大队。

1983年6月，成立东山乡人民政府。

1985年9月，撤乡建镇，成立东山镇人民政府。

（二）传统建筑资源

杨湾古村核心面积9公顷，北倚山峦，南枕烟波浩渺的太湖，山坞与湖湾组合，形成"扶山扼水"的格局。山峦将冬季寒潮阻挡于外，保证了坞内村落良好的水热条件。村落与太湖相距不远，且总体地势高于水面，即方便村落用水与村民出行，又能加强抵御水患和匪盗的能力。村落内部设有完整的明沟暗渠水系，取水、排水方便快捷。道路系统与水系紧密叠合，纵向以一条1 461米长的古街贯穿全村，18条巷弄呈鱼骨状向单侧辐射，明清建筑依街巷而建，商铺、民居分布其中（图2-9，图2-10）。

图 2-9 杨湾巷弄（刘馨秋摄）　　图 2-10 巷弄与民居（刘馨

在古村的核心保护区中，拥有轩辕宫、明善堂、怀荫堂 3 处全国文保单位，崇本堂、锦星堂、久大堂、纯德堂 4 处市级文保单位以及 57 处控保单位和众多古桥、古井（图 2-11）、码头水埠、古树名木等物质文化遗存，是以香山帮为代表的苏州精美建筑荟萃之地（表 2-3）。

表 2-3　杨湾村物质文化遗存要素构成

项目	建筑及景观
控制保护建筑	锦星堂、崇本堂
三普新发现未定级文物点	安庆堂、上湾更楼、崇仪堂、三善堂、遂祖堂等 24 处
其他传统建筑	水龙间、宁远堂、燕石学堂、弘元堂、古商铺等 20 余处
历史街巷	十字古街为骨架，18 条历史巷弄单侧鱼骨状分布
历史河道	杨湾港、油车港
历史环境要素	古桥、古井、码头水埠、古树名木及其他；自然环境与山水格局

资料来源：江苏省住房和城乡建设厅编《江苏历史文化名村保护规划汇编》

轩辕宫，又名杨湾庙、胥王庙，始建于唐代贞观二年（628年），元朝末年被战乱所毁，明朝初年重建，弘治及嘉靖十九年（1540年）曾进行修葺，清顺治年间重新修缮后保留至今，2006年被列为全国重点文物保护单位。轩辕宫现存三进院落及轩辕宫正殿建筑，其中正殿转为另一条轴线。轩辕宫正殿为单檐歇山式，吻兽脊及屋角反翘，为南方形制，颇为秀丽。① 现存庭柱的大部分梁柱、斗拱等木质结构均为元代遗迹，较好地保存了元代小体量殿堂的形制，大殿内的才会则体现了早期苏式彩绘的风格特征。②

明善堂位于古村的中段，是杨湾3处国保单位之一，建于明朝末年，是

图2-11　杨湾尼姑井（刘馨秋摄）

典型的明代官僚住宅，极具艺术与历史价值。明善堂的平面取坐北朝南方位，现存主次两路轴线：大厅（明善堂）位于主轴线上，向南分布门楼、轿厅、墙门，向北分布楼厅、花园；侧路轴线由南向北分布花园、斋馆（问梅馆）、书房（内设小景园）、厢房及陪弄。两条轴线纵向之间有甬道和横弄相连。建筑群的平面组织规整中含变化，建筑形式丰富多样，反映出乡居宅院因地制宜、正中求变、富有环境意趣的居处空间特质。③ 明善堂藻饰沉穆、朴质中含富丽，其中大厅前的门楼与西侧

---

① 陶保成：《轩辕宫正殿的不落架科学保护》，《东南文化》2001年第7期，第95-96页。
② 张海天：《东山镇杨湾古村落景观与保护研究》，北京林业大学硕士学位论文，2014年，第30页。
③ 刘森林：《明代江南住宅建筑的形制及藻饰》，《上海大学学报（社会科学版）》2014年第5期，第64-78页。

照墙是明善堂装饰的精华部分，精雕细凿，琳琅满目，技术精湛，是苏南地区明代砖雕艺术的杰出代表（表2-4，图2-12）。

表2-4 明善堂建筑装饰题材汇总

建筑名称	装饰部位	题材	内容	寓意
砖雕	外门楼	笔锭胜天	笔、锭、三胜	中举获禄
	内门楼上枋	渔樵耕读	打鱼、砍樵、农耕、读书	淡泊恬适
	内门楼中枋（左侧兜肚）	独占鳌头	人物、鳌鱼	高中文魁
	内门楼中枋（右侧兜肚）	麒麟送子	麒麟、童子	子嗣蓄衍
	内门楼下枋	凤穿牡丹	凤、牡丹	夫荣妻贵
	墙檐下	鲤鱼跳龙门	鲤鱼、龙门	飞黄腾达
	墙檐下	五福捧寿	蝙蝠、"寿"字	福寿
	墙檐下	狮子绣球	狮子、绣球	太师少师
堆雕	屋脊中央	三星高照	福禄寿三星	福禄寿
木雕	步柱上		纱翅椁木	官宦人家专用装饰

资料来源：陈瑾：《杨湾古村文化景观更新研究》，苏州科技学院硕士学位论文，2014年，第30页

图2-12 明善堂门及塞口墙（图片来源：http://www.wgj.suzhou.gov.cn/wz/InfoDetail.aspx?InfoID=19787）

怀荫堂位于杨湾村南，其规制不大，但房屋布局、结构及梁架均十分紧凑，属明代中期建筑风格。该堂原有门屋、住楼、后屋共三进，现门屋更改，后屋亦被拆，仅剩住楼一座，保留较完整的部分包括门楼、三间楼屋和左右对称的厢屋等。

遂祖堂建筑面积 603 平方米，是杨湾村大族周氏的祖宅。该堂单体建筑可分东西两路，东路依次为门屋、大厅、住楼、柴房，西路有花厅、后住屋，是东山地区乾隆时期群体民居建筑中的优秀代表。

（三）保护与利用情况

1995 年东山被评为第一批江苏省历史文化名镇，开始全镇历史文化遗存的系统保护；2005 年 6 月，杨湾被列入苏州首批控制保护古村落；2006 年，东山镇政府组织对杨湾古村内文物古迹全部造册登记，其中，文物保护单位和控保建筑全部挂牌保护；2007 年 9 月，编制完成《苏州市东山镇杨湾古村落保护与建设规划》；同年 10 月，杨湾成立古村保护与发展管理办公室；2013 年 9 月，杨湾被评为第七批江苏省历史文化名村；同时，住建部、文化部和财政部共同授予杨湾"中国传统村落"称号。2014 年 3 月，杨湾入选第六批中国历史文化名镇（村）。

存在问题：① 保护资金压力较大，特色街巷、建筑缺乏有效的维护。② 部分新建住宅采用更为现代的建筑形式及材料，且与文控保建筑距离过近，使传统民居形态的延续及整体风貌的统一面临巨大挑战。③ 公共活动场地与公共空间相对缺乏，入口形象不佳。④ 村落经济相对落后，产业结构较为单一，以一产为主。⑤ 物质文化遗存未予充分挖掘与利用，与旅游产业结合不足，村庄整体旅游配套设施不足。⑥ 非物质文化遗产、特色文化缺乏挖掘和整理，整体保护和系统传承的思路不明确。

应对策略：① 建立健全管理机构，落实责任和分工，研究制定管理制度和配套政策，积极有序地开展保护工作，并把历史文化名村保护工作作为各级干部考核的重要内容。② 建立健全历史文化名村优秀传统建筑长期修缮和保护的机制。推动房屋产权制度改革，明确房屋产权，鼓励产权所有者按保护规划实施自我改造更新，成为房屋修缮保护的主体；制定并完善居民外迁、房屋交易等相关政策；制定适合历史文化名村市政基础设施建设的技术标准和实施办法。③ 利用国家财政性拨款、地方财政性拨款、集体单位、社会赞助、市区级政府行政调拨、居民筹款等资金，设立保护专项资金，用于文物建筑、控制保护建筑以及其他传统建筑的修缮修复，改善村庄内部生活设施，提高居民生活质量。对保护工作有突出贡献的单位和个人进行奖励。④ 对于历史文化名村建设中符合名村保护规划规定的开发强度、高度及建设风貌要求的开发主体可以给予贷款利率和开发补偿的优惠政策。⑤ 保护与扶持传统工艺的优秀传承人及保护责任单位，开展相应评审活动，并给予财力支持及荣誉激励。⑥ 推进弱势传统产业的政策、资金扶持，通过资助、奖励、贴息等形式，保护与传承优秀传统文化。

三、杨桥——江南水乡古韵

（一）村落简况

杨桥位于常州市武进区前黄镇南部，地处太湖、西太湖、武进、宜兴的中心地带，始建于南宋，因石拱桥"南杨桥"而得名（图 2-13）。

图 2-13　南杨桥（刘馨秋摄）

古村东临太湖，西濒滆湖，水网密布，湖塘众多。凭借便利的水路交通，至元末明初时已发展成为经济发达的商埠，是北上常州府城，南下宜兴县城及浙江湖州府城的必经之地。清代中期，杨桥成为常州府的商贸重镇，商贾云集，开设各行各业商号店400余家，每天有常州、无锡往返于宜兴、溧阳的轮船泊于杨桥码头，繁华程度甚至超过宜兴县城，被称为"太湖首镇"。清末民初，虽然周边逐渐兴起一些市镇，但以杨桥老街为中心的商贸盛况依然持续。

如今，杨桥依然保存了较好的历史风貌。域内古街、古河、古桥、古井、古宅遗迹丰富，明清建筑毗邻成市，河道石驳岸保存完好，5条老街巷古味犹存。古宅临水而建（图2-14），村民傍水而居，建筑粉墙黛瓦，街巷婉转幽深，极具江南水乡韵味。

图2-14　沿河民居（刘馨秋摄）

（二）水乡特色资源

杨桥古街是杨桥村的核心部分，古街保护面积为4.2万平方米。现存比较完整的有杨桥北街、南街、东街、桥南西街、桥北西街5条老街，全长约730米（图2-15）。杨桥北街和南街与陆路相接，东街、桥南西街和桥北西街沿东西向河流两边分布。古街宽2~4米，采用青砖、长条青石或麻石铺砌，两边留有半圆形排水沟。

图 2-15　杨桥古街（刘馨秋摄）

杨桥现有明清房屋约 176 间，民居建筑面向街巷沿河道而建。居民傍水而居，大多还保留着自家码头，有些码头上的系船铁环或石孔，俗称"船鼻子"，也还在被居民使用（图 2-16）。

图 2-16　码头（刘馨秋摄）

（三）特色非物质文化遗产资源

1. 杨桥庙会

杨桥庙会[①]是为祭祀城隍而举行的盛大民俗活动（图2-17）。相传，农历二月初八是城隍老爷走舅家的日子，杨桥庙会就在这天举行。

图2-17　杨桥庙会（刘馨秋摄）

早上在太平庵内举行开光仪式，下午开始杨桥庙会的重头戏——城隍出会。"出会"主要围绕太平庵城隍老爷回舅家为事由，汇集了宗教文化、民俗文化和商贸交流。

城隍出会由会旗队、彩旗队、锣鼓队、头行牌、太平伞、手执兵器的"衙役"等在队伍前面开路，后面紧跟舞大刀、舞马叉、踩高跷、掮轮车、调狮子、悠火球、调犟牛、调龙灯、打莲湘9支文艺表演队伍。紧跟文艺表演队伍后面的是三十六行队伍：主要有接生婆、剃头佬、做贼佬、唱莲花落的、摇木棱的、裁缝、木匠、竹匠、泥瓦匠、收租的、放鸟的、磨剪刀的、郎中、铁匠、皮匠、卖柴的、塑佛像的、唱道情的等行当的人。最后是城隍坐的八抬大轿。整个队伍至少有400

[①] 资料来源于常州市非物质文化遗产网，http：//www.changzhou.gov.cn/ns_news/141343887692586，2012-05-23。

人。据老艺人回忆,当年杨桥庙会最火爆时,参加展演的人员多达3 000~4 000人,仅龙灯就有48条。走会队伍按事前议定好的路线出发,边走边表演,沿途村民、善男信女纷纷跪拜。有的在路边摆上供果点心、茶水,有的鸣放花炮迎接,祈求五谷丰登,安康太平。数小时后,走会队伍抵达城隍爷舅家闸口白家祠堂,经过换衣仪式后,原路返回太平庵,出会结束。杨桥庙会整个展示、演绎过程要五六个小时,按程序分为出会、接会、走会、舍会。

杨桥庙会历史悠久,阵容庞大,民俗表现形式丰富,具有珍贵的文化艺术传承价值和研究价值,已成为杨桥民间特色历史文化集中展示的重要平台,于2016年入选第四批江苏省级非物质文化遗产名录。

2. 调犟牛

耕牛是中国农业生产中的重要生产资料,为了使耕牛能够听从驱使,通常需要对其"犟性"进行调教。南桥先民根据耕牛的生活习性、劳动形象以及吊脚方式,创编了一套模拟动作,由此衍生出"调犟牛"①这一民俗舞蹈。相传清乾隆皇帝第三次下江南,在去红莲寺的途中经过杨桥太平庵,看到调犟牛表演后赞不绝口,杨桥调犟牛由此在周边地区流传开来,距今已有300多年的历史。

调犟牛表演由人和牛共同完成。一人扮演农夫,两人一前一后用牛皮壳套好组合扮成一头牛,表演时通常由一个农夫和一头牛组成一组,也有两头牛或大牛带小牛的形式,具体组合数量和形式视情况而定。表演过程包括牵牛、放牛、犟牛、驯牛、耕田、吃草、护牛、推磨、喝水、交流、回家等内容。调犟牛表演通过将民间舞蹈、武术、杂技等相互融合,展示人与牛之间的互动行为,节奏有张有弛,场面热烈,具有浓厚的乡土气息和鲜明的地域特色,极具艺术感召力,深受当地人民喜爱。

(四)保护与利用情况

目前,杨桥村域面积约4.1平方公里,其中,耕地面积9 000多亩,34个自然村,户数1 517户,人口约4 700人。杨桥古街现有居民约50户,其中30%~40%

---

① 参考南杨桥"调犟牛"项目的简要介绍。

是外地租客。杨桥老街现有明清房屋约 176 间，其中，很少一部分房屋已经被改造成现代化的房屋。近两年祠堂文化兴起，村民自发修建了朱家祠堂、徐家祠堂、刘家祠堂等，太平庵也在计划扩建或异地重建。杨桥非物质文化遗产项目丰富，每年农历二月初八都会在杨桥庙会上集中展示，吸引了周边几万人参加。

凭借现有资源，杨桥已经完成杨桥村旅游规划、老街保护规划、美丽乡村规划和传统村落保护规划。同时，村委会成立了常州市杨桥古村投资有限公司，并已经开设了宣传网站、申请了农产品商标。

目前，杨桥计划结合美丽乡村创建工作，对周边的环境进行整治，完善基础设施建设，并进一步开展传统村落的保护工作。现阶段村落保护工作的主要内容是针对老街房屋的修缮和河道贯通疏浚，使老街的环境、现状、破损的房屋能够得到修复。但由于工程量庞大，前期只修缮了街道两边的房屋，内部纵深的房屋修缮暂时搁置。此外，在周边土地条件允许的情况下，计划打造新的商业设施，鼓励一部分村民开店经营住宿餐饮，同时进行招商引资，逐步恢复古村面貌。

第三章
江苏农业
景观型村落

第三章 江苏农业景观型村落

农业景观是由自然条件与人类活动共同创造的一种文化景观，主要指一些具有观赏价值、但规模较小的农业设施或农业要素，是农业文化遗产中最具观赏性和旅游价值的一种。江苏典型农业景观主要有稻作文化系统、桑基鱼塘系统、特色农作系统等，农业景观型村落也因此具有显著的鱼米之乡文化特色。具代表性的村落包括以果茶园景观为特色的东村、以生态农业景观为突出特色的三山村和以传统农业生活景观为特色的明月湾村等（图3-1）。

图3-1　明月湾（刘馨秋摄）

第一节　农业景观型村落概述

农业景观型村落以人文与自然结合的农业景观为突出特色，是农村与其所处环境经过长期协同进化和动态适应而形成的村落类型，也是最为符合联合国粮农组织所定义的全球重要农业文化遗产（GIAHS）。以农业景观为突出特色的传统村落具有独特的人文与自然结合的农业系统，包括独特的传统生态农业技术、制度、设施、生产生活方式以及丰富的生物多样性，是农林牧渔相结合的复合系统，是动植物、人类与景观在特殊环境下共同适应与共同进化的系统，而且是通过高度适应的社会与文化实践和机制进行管理的系统。它还应满足当地社会经济与文化发展的需要，能够为当地提供粮食与生计安全和社会、文化、生态系统服务功能,有利于促进区域可持续发展。

  江苏农业历史悠久,长期以来当地居民在生产、生活中对自然和土地进行改造所形成的农业景观众多,体现了独特而鲜明的地域特征。例如,兴化垛田是苏中里下河地区一种独特的农田地貌,也是里下河水网地区独有的一种土地利用方式,是在湖荡纵横的沼泽地区,用开挖网状深沟或小河的泥土堆积而成的垛状高田(图3-2)。每块垛田四周均被水环绕,各不相连,面积大小不等,形态各异,高低错落,似水面上的万千小岛,因此又有"千岛之乡"的美誉,先后入选中国重要农业文化遗产和全球重要农业文化遗产名录。再如,位于淮河与洪泽湖交汇处的龟山村拥有典型的渔业景观(图3-3)。数千年前,洪泽湖地区已有先民从事捕鱼活动,随着生产方式的不断演变,逐渐形成以小型淡水捕捞为主的渔业生产特色。渔民均

图3-2 垛田

(图片来源:农业部网站,http://www.moa.gov.cnztzl2018cjlvytjychp201803t20180328_6139215.htm)

图3-3 龟山村渔业景观(刘馨秋摄)

以个体作业，经济力量薄弱，都使用小型渔船，最大的载重不超过3吨，小的只容两口之家。这些渔民无固定的捕捞水域，他们撑起连家船，终年漂泊在洪泽湖、高宝湖、大运河、淮河、里下河等广大水域。他们以家族聚居，以姓氏为群体，代代相传。作为一种独特的生产生活方式，"水上人家"形成了洪泽湖地区一道亮丽的风景线。如今，龟山常住村民中仍有一半以上从事渔业生产，至今仍保留着传统的渔业生产生活方式。此外，雪浪山古茶园、泰兴古银杏群落、邳州古栗园、苏州东山橘林、西山（杨）梅林、溧阳深溪岕古松园、太湖珍珠养殖景观、宜兴竹海、高淳油菜花田等，都是具有特殊价值的农业文化景观，也是当地村民的重要经济来源。

在江苏的传统村落中，以农业景观为突出特征的主要有东村、三山村和明月湾村，它们分别体现了江苏茶果种植、生态农业和传统农业生活场景（表3-1）。

表3-1　江苏农业景观型村落

典型村落代表	突出特征
苏州市吴中区金庭镇东村	果茶园景观
苏州市吴中区东山镇三山村	生态农业景观
苏州市吴中区西山镇明月湾村	传统农业生活景观

太湖西山岛北部的东村已有两千多年的历史，丰富的历史遗存和"丰"字形格局的街巷骨架保留至今，极具传统韵味。东村果茶种植历史悠久，目前枇杷、杨梅、茶叶等种植仍为村民的主要经济来源。形式多样的果茶间作模式不仅为当地带来了良好的经济效益，同时也使之成为我国果茶生态园的典范。

位于太湖之中的三山村是太湖中唯一未与陆域直接联通并有居民生息的独岛，交通以非机动交通为主，舟楫轮渡则是出入三山村的唯一交通方式。三山村拥有丰富的自然与人文资源，包括由自然次生林、人工经济林、农田及部分观赏植物所组成的植被；滨太湖地区生长的大片芦苇、荷花、睡莲、茭白、野菱、千屈菜及空心莲子草等湿生与水生类植物；丰富的湿地资源和良好的湿地环境为鱼类、鸟类、两栖类、爬行类、兽类、浮游动物和底栖动物等提供了天然的栖息地和充足的食物资源；果树种植面积1 500亩，全面实施无公害生产技术，马眼枣、青梅、桃等果品年产量2 000吨；且村内保存着明清时期传统的村落布局、街巷肌理和为数众多的古民居建筑。三山村的偏远闭塞虽造成其交通不便，但也因此保留了其幽静、秀美、原始的生态环境，村民至今保留着湖岛的传统起居生活方式，是生态农业景观型村落的典范。

太湖西山岛南端的明月湾村早在唐代已初具规模，明清两代发展繁盛，村内至今仍保存有众多明清建筑、码头、古井等历史遗迹以及千余米长的石板街巷，村落格局稳定，历史风貌完整。村内常住居民仍以种植花果、碧螺春茶兼太湖捕捞为生，已有300多年历史的古码头仍然是居民装卸货物和买卖鱼虾的固定场所；码头的石缝中钻出来的两棵小树，已被用来系船带缆、晾补渔网。村民的真实生活记录共同构成了明月湾世外桃源般的水乡山村生活场景，体现着江南古村的原始风貌。

第二节　江苏农业景观型村落个案研究

一、东村——果茶园景观

（一）村落简况

东村[①]属苏州市吴中区金庭镇，位于太湖之中的西山岛北部，南依栖贤山，北临太湖（图3-4）。其历史可以上溯至两千多年以前。汉高祖末年，商山四皓之一的东园公曾于此处隐居，由此得名东园村，简称东村。南宋初年，随宋室南迁的贵族后代徐氏万一公迁居于此，东村渐成村落。明清时期，随着太湖商帮的发展，东

图3-4　东村（刘馨秋摄）

---

① 内容参考《东村》相关材料。

村进入繁荣期，修建了大批规模宏大、装饰精美的宅第。古村街巷以一条东西走向长 800 米的东村大街为主，两侧有多条支巷，呈"丰"字形格局，街巷东至永泰桥，西至徐家祠堂，南至栖贤山山脚，北至凤凰山山脚，街道总长 3 500 米，宽 1.5~2.5 米，路面为弹石、石板、青砖，街道一侧为排水明沟（图 3-5 至图 3-7），两旁古宅多为乾嘉年间所建。

图 3-5　河道（刘馨秋摄）

图 3-6　街巷（刘馨秋摄）

图 3-7　农田景观（刘馨秋摄）

如今，东村仍然保留着完整的空间格局和传统风貌，历史遗存极为丰富。据统计，目前东村共有省级文物保护单位 3 处（栖贤巷门、徐家祠堂、敬修堂），市级文物保护单位 1 处（萃秀堂），苏州市控制保护建筑 6 处（学圃堂、绍衣堂、敦和堂、孝友堂、维善堂、凝翠堂），第三次文物普查新发现文物点 15 处和其他传统建筑 7 处，以及东村大街、栖贤巷、梧巷、崇德巷、维仪巷、萃秀巷 6 条古街巷。随着村落保护日益受到各方关注，东村的历史文化价值也逐渐被挖掘出来，并入选中国历史文化名村和中国传统村落名录。

（二）果茶园景观资源

茶树与其他植物间作的栽培方法早在明代即已形成，如《茶解》所载："茶园不宜杂以恶木，唯桂、梅、辛夷、玉兰、苍松、翠竹之类，与之间植，亦足以蔽覆霜雪，掩映秋阳。其下可莳芳兰、幽菊及诸清芬之品；最忌与菜畦相逼，不免秽污渗漉，滓厥清真。"

茶树与林果一同栽培，彼此根脉相通，既能使茶吸林果之芬芳，又有利于改善茶园小气候环境、抑制茶园杂草生长以及茶树的遮阳，从而有效提高茶叶产量和品质。据研究表明，荫蔽度达到 30%~40% 时，茶树体内蛋白质、氨基酸、咖啡因等含氮化合物的含量显著增加，并可有效提高鲜叶中茶氨酸、谷氨酸、天门冬氨酸等氨基酸的含量，从而使成茶滋味更为鲜醇。茶果间作还能提高土地利用率和单位面积产值，最大限度发挥土地潜力。

碧螺春茶产区即是著名的果茶间作区。该区位于太湖东南部的洞庭山，地处北亚热带湿润性季风气候带，在太湖水体的调节作用下，呈现四季分明、水量丰沛和无霜期较长等气候特征，地貌以低山、丘陵、山坞、浅坞为主，缓坡土层较厚，土壤肥沃，植被密集、保水性好。优越的自然条件宜于果树、茶树以及多种植物生长。苏舜钦《苏州洞庭山水月禅院记》记载："……皆以树桑栀甘柚为常产，每秋高霜余，丹苞朱实与长松茂树相差，间于岩壑间望之若图绘，金翠之可爱。"范仲淹《洞庭山》诗咏："万顷湖光里，千家橘熟时。"南宋《中吴纪闻》亦载："苏州皮陆唱和所言洞庭，及苏子美诗云'笠泽鲈肥人脍玉，洞庭柑熟客分金'皆在吴江也。"朱长文《吴郡图经续记》记载："洞庭山出美茶，旧人为贡。茶经云，长洲县产洞庭山者，与金州、蕲州味同，近年山僧尤善制茗，谓之水月茶，以院为名也，颇为吴人所贵。"《随见录》载："洞庭山有茶，微似芥而细，味甚甘香，俗呼为吓杀人。产碧螺峰者尤佳，名碧螺春。"

丰富的茶果资源为洞庭山成为我国著名果茶生态园提供了良好的资源条件。自20世纪70年代开始，洞庭山的果林中逐渐有小片条栽茶园镶嵌期间，并渐成规模。用于与茶树混合种植的果树主要有枇杷、杨梅、柑橘、板栗等，形成了柑橘—茶、板栗—茶、杨梅—茶、枇杷—茶、银杏—茶等多种果茶间作模式。茶树或分布于果树梯田两边，或分布于果园四周，也可将茶树栽种于果树株行间和果园道路旁，方式灵活多样。洞庭碧螺春茶正是通过这种生态栽培方式孕育出芽叶细嫩，汤色鲜艳，香气鲜浓，滋味鲜醇的"一嫩三鲜"的优良品质。

如今，洞庭山区已发展成为我国果茶生态园的典范，全区拥有茶园面积2.9万亩，其中果茶复合间作园区占该区茶树种植面积的90%左右[1]。位于该区的东村、衙甪里、东蔡、杨湾、陆巷等传统村落均分布有大片果茶园，形成了独特的农业生态景观（图3-8）。

图3-8 东村果茶园远景（刘馨秋摄）

---

[1] 谢燮清，章无畏：《碧螺春茶的生态环境与采摘特点》，《中国茶叶加工》2002年第3期，第19-21页。

果茶种植目前仍是东村村民的主要经济来源之一。东村现有居民约200户，常住人口约500人。村民以种植枇杷、杨梅、茶叶以及水产养殖为主，其中，茶叶产量占金庭镇的70%，是洞庭碧螺春茶的主要产区。虽然产量大，但由于东村的水果和茶叶多为农户自发经营，自产自销，而且基础设施不完善，道路运输不畅，导致农产品价格偏低，村民农业生产收入有限（图3-9）。此外，村内从事第三产业的人也很少。据村负责人介绍，"目前，东村共有8家农家乐，其中2家还是由外村人经营的"。

图3-9　自营果茶广告（刘馨秋摄）

（三）重要历史遗迹

1. 敬修堂

敬修堂位于东村古村西侧，在徐家祠堂以东，建于清乾隆十七年（1752年），占地面积1 866平方米，是西山现存最大的一幢古宅。创建人为徐联习（1684—1753年），字循先，号东村，是清乾隆年间的知名儒商。从门间到杂间，前后共有六进，整个院落既有宽敞高大的厅堂，又有低矮简陋的平房，平面布局合理紧凑，组合灵巧，错落有致，美观大方，是一处颇有欣赏、研究、实用价值的古建筑。敬修堂内现由 1 户居住，产权为 10 余户共有，2002 年公布为江苏省文物保护单位。

2. 栖贤巷门

栖贤巷门位于东村大街中部。巷门是设置于街巷之端的一种公共安全防卫设施，在洞庭东山、西山比较多见，常为防太湖盗贼而设。东村因汉初商山四皓之一的东园公隐居而得名，栖贤巷即是东园公隐居而经常由此出入、上山的一条街巷，巷门就在街巷的北端，为明代建筑。1986 年列为县文物保护单位并整修一新，2002 年公布为江苏省文物保护单位。

3. 徐家祠堂

徐家祠堂位于东村西侧村口，大门面东，进门右折才是分布在南北轴线上的主要建筑。原有门屋、前厅、大殿、后楼（享堂）四进，其间以两座门楼，3 个天井间隔，占地 952 平方米。现仅存前厅为原构建筑，为清代建筑，2005 年公布为苏州市控制保护建筑，2009 年被列为苏州市文物保护单位，并重修重建大殿、享堂等，2011 年被列为省级文保单位。

二、三山——生态农业景观

（一）村落简况与建制沿革

在江浙两省交界的太湖之中，有一处至今仍需舟楫轮渡才能出入的村落——三山村[①]。三山村为行政村建制，隶属苏州市吴中区东山镇，距苏州市区约 50 公里，是太湖中唯一未与陆域直接联通并有居民生息的独岛。范围包括三山岛、泽山岛、厥山岛与蠡墅岛等，面积约为 2.8 平方公里。三山岛本岛面积约 1.6 平方公里，地势呈东北高，西南低的走向，从东北到西南依次分布着大山（北峰）、行山（中峰）、小姑山（南峰），并于北部分有东泊小山和西湖小山，形成了"三山两谷"的基本地貌特征，"三山岛"之名也因此而得（图 3-10）。目前，三山村户籍人口 800 余人，常住人口 500 余人，主要居住在三山岛本岛的桥头、东泊、山东、小姑、西湖堡 5 个自然村，泽山、厥山等岛屿暂无人居住。

---

① 内容参考《三山岛》相关材料。

图 3-10　三山村景观（刘馨秋摄）

　　考古发掘证明，早在 10 000 多年前的旧石器时代，三山便有了人类的足迹，被学者们命名为三山文化。地处吴越交汇处的三山岛自古既是重要的军事据点和补给点，也是太湖水上交通运输重要的避风港和中转站，被誉为"芜申之咽喉""太湖之驿站"。明清时期，三山人口繁盛，且大多从商，商业气息浓厚。桥头和东泊两浜集市兴盛、街道繁华、店铺林立，石坊、糖坊、染坊、豆腐坊等一应俱全，仅染坊就有大大小小几十家。洞庭东西山的百姓都乘船到三山岛贸易，还把孩子送到岛上的店铺、作坊学做生意。如金友理《太湖备考》所载："三山，在东山之西，三峰连接。居民五百余家，多服贾。"另据岛上吴妃祠碑记载，嘉庆年间，岛上有 500 余户人家，3 000 多常住人口，加之来来往往的流动人口，其盛况可见一斑。太平天国时期，三山依旧是江浙和苏湖的水运咽喉。作为战略要地，常驻苏州的太平军名将忠王李秀成，也曾派兵驻三山，在东泊清风岭、桥头行山等处建造炮台，安装铁炮，以防清军攻打。清末民初，随着铁路、公路的迅速兴起，水路漕运逐渐萎缩，加之匪盗猖獗，战乱频繁，三山岛随之衰落。

　　三山岛上至今仍保存着明清时期传统的村落布局、街巷肌理和为数众多的古民居建筑。三山古街始建于明代，长 200 米，位于桥头自然村，古街由长条形麻石和青石铺成,东西贯通,连接着南北向的西湖、小姑等四条街巷,明清建筑依街而建,街道曲折幽深,呈鱼骨状,自然曲折的形态,小巷、山涧、小桥等空间要素的融入,使古街独具风韵。以顺济桥为中心,是古时三山的集市,满载而归的渔船从太湖驶入荷花港,在街市上设摊买卖,开市时的渔鼓声声好不热闹,有"桥头渔鼓"之称(图3-11至图3-14)。据统计,岛上明清时期和民国的传统建

图3-11 街巷(刘馨秋摄)

图3-12 古民居(刘馨秋摄)

图3-13 码头渔市(刘馨秋摄)

图 3-14　生态景观（刘馨秋摄）

筑共有 1 900 平方米，规模宏大，类型齐全。代表性明清古建筑有清俭堂、师俭堂、薛家祠堂、秦家祠堂、念劬堂、九思堂、荆茂堂等 32 处，其中，古民居 30 处，古祠堂 2 处。

此外，作为太湖流域的重要港湾，三山岛上还保留有东泊浜湖湾驳岸、桥头浜湖湾驳岸等古码头。位于岛东南的桥头浜，港湾阔大，呈长条形，长 134 米，浜底宽 12.8 米，面向东南，而且湖底淤泥软烂阻锚，是天然的避风锚地。目前，在该码头前方建立一个大型的现代码头，供游客入岛的游船停泊。位于岛东北的东泊浜，湖湾口窄内宽，平面呈"刀"形，湖湾全长 72.3 米，浜底宽 10.7 米，驳岸整齐，两道防护堤伸向湖面，形如怀抱，是上好的港湾。该码头使用较为频繁，常为村民泊船和清洗物品。两浜均由巨型青石叠砌，上面竖着揽船用的石柱，边沿凿有可拴绳的象鼻石孔。随着季节和风向的变换，船家或泊东泊，或停桥头。村谚云："五十对船常停泊，东泊、桥头座上客。"这些文化遗迹构筑了三山岛独特的文化底蕴。

建制沿革

周简王元年（公元前585年），泰伯十九世孙寿梦称王，建立吴国，三山属吴国。周元王三年（公元前473年），越国灭吴，三山属越国。周显王三十六年（公元前333年），楚国灭越，三山属楚国。

秦始皇二十六年（公元前221年），秦国建置吴县，三山为吴县辖地。

汉初因袭秦制，东汉公浙以西为吴郡；三国时，三山随东山属东吴；晋属吴之吴郡。

公元589年隋平陈，改吴州为苏州，三山随东山隶属苏州；唐朝时属江南道之吴郡。

元沿袭宋制，三山仍属浙西路湖州乌程县。

明洪武五年（1372年），东山复归苏州府吴县管辖，三山随之。

清雍正十三年（1735年），东山设太湖厅，县级设置，三山属太湖厅管辖。

咸丰十年（1860年），三山随东山一度隶属浙江湖州府。

民国纪元（1912年），撤太湖厅，设洞庭县，东山分置东前山乡、东后山乡，时三山属东后山乡。

民国十七年（1928年），合东前山乡、东后山乡为东山乡。

民国十八年（1929年），改东山乡为吴县第十七区，时三山归属杨湾属十七区。

民国二十三年（1934年），改东山第十七区为第十二区，时三山归属杨湾属十二区。

1949年，全国解放，东山属特别行政区——太湖行政办事处管辖（县级机构），辖东山、西山两区，时三山属东山区。

1953年，撤太湖办事处，改设震泽县，下辖东、西山及水上五个区，三山属第一区（东山区）。

1956年，撤区并乡，杨湾设乡，为当时东山一镇三乡之一（东山镇、杨湾乡、渡桥乡、后山乡），时三山属杨湾乡。

1958年，撤乡并镇，成立洞庭人民公社，三山属之。
1980年，洞庭公社更名为东山人民公社，三山属之。
1983年6月，成立东山乡人民政府，三山属之。
1985年9月，撤乡建镇，成立东山镇人民政府，三山属之。

（二）生态农业景观资源

三山岛属于北亚热带湿润季风气候区，温暖潮湿而多雨，季风明显，夏季以东南季风为主。四季分明，冬夏季长，春秋季短。受太湖水体调节影响，水热资源丰富，无霜期较长。但由于岛上地质以石灰岩为主，山多地少，耕地面积仅占3.32%，而园地和林地则占到总面积的79.13%（表3-2）。

表3-2 三山岛土地利用现状

用地类型	面积（平方米）	比例（%）	分布区域与特征
风景点建设用地	69 800	2.48	主要分布在行山南部、东泊小山南部、桥头以及大山北部
野外游憩用地	11 220	0.4	位于小姑山西面
管理机构用地	350	0.12	位于原思梅厂旁，是目前村党支部和村委会和旅游公司办事处
交通与工程用地	33 550	1.19	主要由机耕路、乡村道路及码头等组成
居住用地	223 530	7.93	主要集中在大山跟行山之间地势平缓的地带，部分分布在小姑山北部和大山东部地区
工副业生产用地	3 310	0.12	现思梅厂用地
园地	1 037 710	36.80	次生林和居民社会用地之间居民普遍种植的经济林地
竹林	8 840	0.31	共有2处，分别在大山东面山东处及大山西北面东泊处
草地	17 490	0.62	主要分布于环湖地带
林地	1 191 160	42.33	位于大山、行山、小姑山、泽山岛及厥山岛等自然区域

（续表）

用地类型	面积（平方米）	比例（%）	分布区域与特征
耕地	93 530	3.32	本岛南部与北部靠近太湖的区域，分布有几块面积较大的耕地，呈狭长分布
水域	123 510	4.38	主要包括岛内河流、水塘等
合计	2 814 000	100	

资料来源：三山岛村创建国家级生态村规划书

岛上园林植被主要由自然次生林、人工经济林、农田及部分观赏植物所组成。其中，次生林以润叶混交林为主，植被种类主要有乌桕、香樟、胡颓子、橡木、石楠、合欢、楝树、盐肤木、湿地松及杉木等乔木；冬青、竹类、枸骨、黄杨等灌木；有首乌等爬藤类植物；同时，在滨太湖地区还生长着大片的芦苇、荷花、睡莲等湿生与水生类植物。此外，岛民们还种植橘、梅、枣、枇杷及茶等经济作物，其中洞庭红橘与马眼枣较为著名。

三山岛湿地植物资源丰富多样。湿地公园位于南太湖，以泽山岛、厥山岛、蠡墅岛和三山本岛岸线外扩200米为四至边界，呈现不规则的马蹄形，总面积为9 378亩，其中水域6 258亩，河道总长700米，是国内首个淡水岛屿类型的湿地公园。河岸边和河流中有大量的浮游植物、沉水和挺水植物，河流中分布着大量的藻类浮游植物和苦草等沉水植物，环岛湖岸均有水生植物和湿生植物分布，包括芦苇、荷花、睡莲、茭白、野菱、千屈菜及空心莲子草等，其中，以芦苇群落为主，以三山岛西岸和东南岸方向为甚。

丰富的湿地资源和良好的湿地环境为湿地动物的生存繁衍提供了天然的栖息地，充足的食物资源造就了三山岛湿地动物资源的丰富性与多样性。河道湖岸及岛上分布着鱼类、鸟类、两栖类、爬行类、兽类、浮游动物和底栖动物等，不仅为许多鸟类的栖息地，也为两栖爬行动物提供了藏身之处。不仅鱼类资源相当丰富，在太湖拥有的14目24科98种鱼类中，主要有刀鲚、大银鱼、鲤鱼、泥鳅、鲶鱼、鲫鱼、草鱼、鳊鱼、鲢鱼等种类，而且还盛产以银鱼、白鱼和白虾著称的"太湖三白"，具有极高的食用价值和经济价值。岛上的鸟类主要有鹩哥、猫头鹰、捉鸟鹰、鸳鸯、红嘴海鸥、布谷鸟、杜鹃、白头翁、斑鸠、野鹌鹑、野鸭等。兽类为常见小型兽类，分布在翼手目和鼠科、猫科、兔科及犬科等，主要是部分农户畜养的猪、狗、兔及猫，鲜见大型野生兽类（图3-15）。

图3-15　生态环境（刘馨秋摄）

（三）保护与利用情况

三山岛的偏远闭塞虽造成其交通不便，但与此同时，也保留了其幽静、秀美、原始的生态环境。三山岛至今保留着湖岛的传统起居生活方式，岛上交通以非机动交通为主，舟楫轮渡则是出入三山岛的唯一交通方式（图3-16）。独具特色的湖岛生态环境和丰富的历史文化遗存，为三山岛发展观光农业生态旅游提供了有利条件。

2000年，三山岛全岛通电。2001年，"三山风景区"成立，国庆节正式营业，仅仅3个月，门票收入就达6万元。2002年，全年门票收入60万元。2003年，门票收入达120万元，三山岛村民的人均年收入提高至4 800元。2011年三山岛接待游客30万人次，门票收入930万元，村级稳定年收入达1 060万元，村级年总收入1 285万元，首次跻身超千万元村的行列。全村农民人均纯收入25 570元，

图 3-16　岛上交通（刘馨秋摄）

同比增长 21.8%。2012 年人均年收入再创新高，突破了 30 000 元，带动社会效益达 3 600 万元。

近年来，以"世外桃源、太湖驿站"为主题，三山岛大力发展生态旅游观光农业，因地制宜引进种植名特优农产品，延长观花品尝鲜果的品种和时间，建立观光、休闲果园，改善基地生产条件，全面实施无公害生产技术。经过多年的努力，全岛现有果树种植面积 1 500 亩，品种有柑橘（主要品种为早熟温州蜜柑、香橙）、马眼枣、青梅、桃、枇杷、石榴、李、杏等，果品年产量 2 000 吨。并以马眼枣为主要项目，开展"一村一品"建设，岛上现有枣林 150 多亩，有 500 年树龄的枣树 680 多棵，年产量达 50 多吨。每年 8 月举办的"太湖三山岛马眼枣采摘文化旅游节"，已成为三山岛生态农业旅游重要名片。

同时，生态旅游业的发展也带动了果品的发展和销售，特别是具有地方特色的时令鲜果，备受游客欢迎。农户家的果园也成为旅游者休闲的目的地，以"农家乐"为主的农业观光旅游收入逐渐成为岛上农民的主要经济收入。目前，三山岛上的农家乐已经有 110 余家，占岛上住户总数的 47%，用于农家乐旅游的床位多达

5 000个。岛上不做农家乐的居民也都在从事与旅游相关的服务行业，旺季时甚至还要从东山、西山聘请劳动力。

在取得成绩的同时，三山村对村落保护与利用过程中遇到的问题及时加以总结，并提出了相应的应对策略。

保护困境

第一，保护措施不够有力。一是在过去相当长一段时间里，由于对保护历史文化遗产的宣传力度不够，村民对历史建筑保护不够重视，对于如何在具体的日常行为和生活工作中去切实保护利用好文化资源，更缺乏相应的认识。二是由于经济利益驱动，造成一些古物的破坏和流失。一些很有价值的古建筑构件或由住户卖给了那些不法文物商，或被盗贼偷窃，造成了无法弥补的损失。

第二，保护经费相当缺乏。由于三山村建造年代较早，且大多为砖木结构，因此不同程度地存在着房屋损坏、屋顶渗漏、墙面裂缝、虫蛀腐烂等情况。这些历史建筑居住条件差，住户多而杂，往往一栋老房子里住着十几户人家，私自搭建、乱拉电线等现象严重，危及历史建筑的安全。急需定期保护修缮和维护保养。而保护修缮历史建筑的成本较大，政府出资修缮历史建筑的专项资金有限，对于其他大量有保护价值的历史建筑无法顾及。另外产权问题是古村落保护的难题，修缮后的建筑其使用范围、方式受到相关文物法律法规的约束，使得历史建筑所有人或使用人受到一定限制，导致目前社会投资保护修缮历史建筑的积极性还不是很高。

第三，开发建设冲击较大。近年来，城乡一体化建设步伐加快，大规模的开发建设使古村落保护面临危机。新村建设、旧村改造、道路动迁，等等，都牵涉历史建筑保护的问题，使原有的保护性规划较难落实。村落旧有的场所、节点、街巷空间正逐步缺失，部分体现传统特色的历史空间被侵占，出现了水体污染，新建建筑与传统建筑的不协调等诸多问题。住在历史建筑里的居民希望改善居住环境，要求拆掉历史建筑翻造新房；农村环境整治原则要求村容村貌整洁划一，难免破坏古建筑的原有风貌。在现代化大发展的冲击下，古建筑保护的防线常常轻易地被冲破。

应对策略

第一，加大宣传力度，营造保护古村落的良好氛围。历史建筑凝结着先民的智慧和创造，是地方历史文化演变和发展的见证，其历史性和艺术性远超使用价值。古村落作为中国文化的根植所在，是文化遗产抢救的重中之重。文化的凝聚力和张力，是任何东西都无法比拟的，随着经济发展，人们在满足物质文化需求以后，会侧重对精神层面的追求。近来港澳台兴起的民族寻根，就是对文化的一种寻根，而古村落、古习俗就是对这种文化的一种承载。要结合学校教育和社区教育，运用发放宣传资料，展出图片展板，开设专题讲座，组织古村落保护志愿者队伍等方式，借助报刊和电视等媒体，多途径地加大宣传力度，使社会各界充分认识保护历史建筑的重要性和紧迫性。要重视并加强对村民历史文化意识的教育与培养，通过建立政策机制、利益机制与舆论宣传机制，进一步提高广大干部群众对古村落的保护意识和经济开发意识，引导历史文化保护工作走向全面自觉。

第二，加强组织领导，健全古村落保护机制。古村落保护要注重历史的真实、环境的完整、生活的延续和非物质文化的继承。保护古村落既是保护文物，又涉及民生问题，是一项系统性、综合性工程，必须由政府引导、社会参与，把遗产保护和民生建设结合起来，在加强文化遗产保护的同时，注意做到自然、文化和社会3个生态环境的和谐。必须按照"有效保护，合理利用，加强管理"的指导思想和"保护为主，抢救第一"的工作方针，结合运用行政、法律、科技手段，健全古村落保护机制。同时根据各古村落的现状，借鉴外地成功经验，因地制宜地制定各个古村落的保护规划，确定保护方式，并纳入新农村建设规划中，在发展中实现抢救与保护。

第三，加大资金投入力度，确保古村落保护资金到位。

第四，合理利用资源，努力实现保护与开发同步并进。要树立"保护就是资源"和"合理利用与开发就是最好的保护"的观念，在旧村改造、环境整治、硬件建设过程中，应贯彻保护与开发同步并进的理念，为历史建筑保护创造有利条件。进一步加大对传统历史文化的挖掘、整理，精心打造集生态、文化、旅游于一体的历史文化古村落品牌。把当地村民的利益纳入保护开发计划中，使古村落在保护与开发中焕发新生。积极探寻在文化遗产保护方面、新农村建设的体制机制、征地拆迁安置、农民批地建房工作机制上的创新。

三、明月湾——传统农业生活景观

（一）历史沿革

明月湾[①]村位于太湖西山岛南端，是苏州最古老的村落之一（图3-17）。相传2 500多年前，吴王夫差携西施在此共赏明月，故名明月湾，也称明湾。村后石排山山腰处仍保留着西施当年作镜梳妆的画眉泉遗迹。

明月湾村在唐代已初具规模，且闻名遐迩。诗人刘长卿曾到明月湾探望一位名为贺九的隐士，但未能如愿，遂作《明月湾寻贺九不遇》一诗，以"故人川上复何之，明月湾南空所思。故人不在明月在，谁见孤舟来去时。"表达落寞心境。白居易夜游明月湾时，记录了夜色中明月湾的橘林，留下"湖山处处好淹留，最爱东湾北坞头"之句。而明月湾村口匾额的"最幽处"三字，则出自晚唐文学家皮日休的"试问最幽处，号为明月湾"。此外，唐代文学家、农学家陆龟蒙、诗僧皎然等都曾留有与明月湾有关的诗作，足可见唐时明月湾在

图3-17 明月湾（刘馨秋摄）

---

① 内容参考《明月湾》相关材料。

文人雅士心目中的地位。

南宋金兵南侵,大批北方士族到西山隐居,风景秀美的明月湾成了士大夫避乱归隐的首选之地,明月湾也因此获得了空前的发展。

吴挺(1164—1244年),南宋抗金名将吴璘之子,嘉泰年间(1201—1204年)从四川成都出走至常州,"闻洞庭境幽地僻,遂渡太湖,湮迹明月湾",至今已800余年,吴姓也成为明月湾古村的第一大姓。

邓肃(1091—1132年),曾作诗十一章抨击徽宗大办花石纲扰民而闻名。建炎元年(1127年),宰相李纲被罢免,邓肃因上《论留李纲疏》而触怒高宗,被免去左正言之职位,后携弟邓胜定居西山绮里。邓胜六世孙邓迁入赘明月湾,形成明月湾邓氏大族。[1]

西山秦氏的迁山始祖名秦益之,是北宋词人秦观的五世孙。迁山之后,秦氏渐成西山大族,子孙遍布西山。元朝末年,裔孙秦伯龄迁入明月湾,为明月湾秦氏之始。

西山黄氏原籍福建邵武,迁山始祖黄明善,宋徽宗时官至明经博士,著作左郎,后随高宗南渡,隐居于西山黄家坞(今秉常里)。明月湾黄氏是西山秉常里黄氏的分支,于明洪武初年迁入,迁山始祖为黄明善的八世孙,太学生黄铳山。此后黄氏子孙繁衍,成为明月湾大族之一。

明月湾还曾有金氏一族,民间传说是宋朝丐帮金长老的后裔,但未发现有金氏宗谱存世。据西山金氏近支苏州下保金氏的族谱记载,苏州金氏也是南渡氏族,南渡始祖为宋朝承德郎金璙。相传金氏曾是明月湾最为显赫的氏族,后因故败落。如今,明月湾已无金氏,村内居民以吴、邓、秦、黄姓为多,多是南宋退隐明月湾的北方士族后裔。

明清两代,大批明月湾人加入洞庭商帮,靠外出经商发家致富,再回到家乡修建宅第祠堂,明月湾的发展于乾嘉年间达到鼎盛。村内现存的民居、祠堂、石板街、河埠、码头等古建筑大多为这一时期所建。村内至今仍保存有明清建筑20余

---

[1] 王仁宇,邹永明:《中国历史文化名村明月湾历史文化特色研究》,《江苏城市规划》2009年第9期,第41-45页。

处，面积约 20 000 平方米，其中瞻瑞堂、裕耕堂、黄氏宗祠、明月寺 4 处古民居为市级文保单位，瞻乐堂、秦氏祠堂、礼和堂、礼耕堂、凝德堂、汉三房、仁德堂、姜宅、古码头 9 处为苏州市控制保护建筑。

明月湾的民居建筑受山坳复杂地形影响，规模都不大，通常以二层为多，普遍是二到三进，外观古朴，内饰文雅。虽然在单体体量、装饰和文保等级等方面不及陆巷、杨湾等分布在东西山的其他传统村落，但明月湾的古建筑集中分布在棋盘型的街巷两旁，高低错落，简朴而不失风雅。由 5 000 余块花岗岩条石铺就的石板街总长千余米，由南北两条相互平行的主街和两街之间的若干小巷构成，主街与小巷垂直分布，纵横交叉，形成"井"字格局，名为"棋盘街"。街道下设排水沟，设计巧妙，排水迅速，每遇大雨，雨水和山洪可通过沟渠迅速排出，路面清洁如故。

2000 年，金庭镇被公布为江苏省历史文化名镇，开始对明月湾古村进行有计划的保护。2005 年 6 月，明月湾被苏州市人民政府公布为苏州市首批控制保护古村落之一。2006 年 12 月，明月湾被江苏省政府公布为江苏省历史文化名村。2007 年 6 月，明月湾村被建设部、国家文物局公布为中国历史文化名村。

（二）重要历史遗迹

1. 千年古樟

千年古樟（图 3-18）是明月湾的重要标志，见证了古村的千年历史。相传为唐代著名诗人刘长卿到明月湾访友时所植，树龄约 1 200 多年，主干直径 2 米，树冠高 25 米，1984 年，吴县人民政府公布为一级古树名木。古樟曾经历了多次磨难，一侧主干因火烧、雷劈早成枯木，只靠后来发出的新枝维持生命，显得苍劲有力，俗

图 3-18　千年古樟（刘馨秋摄）

称为"爷爷背孙子",妙趣天成。树身向东侧的古村方向倾斜,似乎在作揖感谢村民千年以来对它的精心呵护。古樟枝叶茂盛,覆荫近一亩,是船家休息、村人纳凉的好地方。

2. 明月桥

明月桥始建年代不详,现存建筑为民国年间重建。相传在2 500多年前,吴王夫差和美女西施曾在桥上共赏明月,故石桥得名为明月桥;白居易、皮日休、陆龟蒙等历代名人,也于此进入古村。

3. 石板街

石板街(图3-19)修筑于清乾隆三十五年(1770年),街巷纵横交叉,总长达1 500米,路面用5 000余块花岗岩条石铺成,俗称为棋盘街,是明月湾古村特色之一。街道下面是排水沟,每遇大雨,雨水和山洪从沟渠中迅速排出,不会在路面积水,故有"明湾石板街,雨后穿绣鞋"之说。2005年由西山镇人民政府整治。

4. 黄氏宗祠

黄氏宗祠(图3-20)始建于清乾隆四十九年(1784年),坐北朝南,占

图3-19　石板街(刘馨秋摄)

地930平方米。其门厅、享堂等主要建筑均为原构。2004年由西山镇人民政府斥资整修,重建照壁、客厅等。2005年公布为苏州市控制保护建筑。明月湾黄氏祖籍福建邵武,南宋明经博士、著作左郎黄明善为迁山始祖,其八世孙、太学生黄铳山于明初由本镇秉常里迁居明月湾,子孙繁衍,今为明月湾大族之一。现辟为明月湾古村村史展览馆。

图 3-20 黄氏宗祠（刘馨秋摄）

5. 古码头（图 3-21，图 3-22）

古码头原是明月湾与外界沟通的主要水上通道。白居易等历代名人由此泊舟登岸；明月湾人商贸湘楚，也于此挥手告别。码头的始建年代已无从考证，清乾隆二十一年（1756年），因"湾中旧堤及两岸塘埠且就倾圮"，村民集资重建。码头全长58米，宽4.6米，用256块花岗岩条石铺成，颇具气势，依稀可见当年舟楫

图 3-21 古码头（刘馨秋摄）

图 3-22　古码头晾晒渔网（刘馨秋摄）

往来盛况。2005 年公布为苏州市控制保护建筑，同年由西山镇人民政府整治。明月湾古码头建成至今已 300 余年，仍在发挥作用，鱼虾买卖，晾网补网，装货卸货，每天忙忙碌碌。从码头上面的石缝中钻出的两棵小树，也已长得有合抱粗，成了系船带缆和晾补渔网的天然工具。

6. 明月禅院

明月禅院俗称明月寺，相传明正德年间从明月湾西侧的庙山嘴搬迁而来。清初称明月庵，民国时曾维修并增建楼房，改今名。内设弥勒、观音、城隍、关帝、猛将、蚕花等神殿。神像系当地村民崇敬偶像，佛教、道教等宗教观念被淡化，为原始乡土信仰文化的例证。坐北朝南，占地面积 1 100 平方米，现存主要殿堂均为原构。庙宇依山面湖，景色秀丽，楼上为望湖赏月佳处。2005 年公布为苏州市控制保护建筑，同年由西山镇人民政府斥资整修。寺内保存有多方清代和民国年间的碑刻，多为重修和募捐纪事碑。其中有两块特别珍贵，是明月湾先民保护生态环境、创建和谐社会的历史见证。立于清乾隆六年（1741 年）的"奉各宁永禁采石碑"，记载的是因明月湾一带有人开山采石，影响地方风水和居民生活，村人吴允斌等联名上书州县，经各级官员批示办理，得以奉令在明月湾永禁采石。立于清嘉庆元年（1796年）的"明月湾湖滨众家地树木归公公议"，记载的是为保护众家地的树木，经明月湾金、邓、秦、黄、吴五族公议，决定将众家地的树木收归明月湾地方公有，不得私自砍伐。

7. 画眉泉

画眉泉亦称画眉池，位于石排山山腰。黄石堆砌，山泉渗入，积水成池，泉水清澈如镜，常年不枯。传说2 500多年前的春秋时期，吴王夫差和美女西施在此赏月，西施把池面作镜画眉梳妆，画眉泉由此得名。泉旁原有石凳石桌，传说是西施的梳妆台，惜已无存。天晴时由此向南远眺，隔湖隐约可见西施的越国故土，令人浮想联翩。

在千年的历史发展中，明月湾古村村名依旧，村址依旧，村落格局也未有大的变动。古村现存面积约9公顷，有常住居民100余户，近400人。村民多以种植花果、碧螺春茶兼太湖捕捞为生。依山傍湖、三面群山环绕的恬静环境；房前屋后栽植四季花果；见证了古村历史的千年古樟；古码头上每天繁忙的货物装卸和鱼虾买卖；以及码头的石缝中钻出来的两棵小树，已被用来系船带缆、晾补渔网。这一幕幕村民的真实生活记录共同构成了明月湾世外桃源般的水乡山村生活场景，体现着江南古村的原始风貌。

（三）保护与利用情况

明月湾村政府于2001年开始对村落进行整体规划，将保护和延续村落原始的布局结构和历史脉络作为建设核心，按照"修旧如旧"的原则，综合整治公共基础设施，整体修缮明清古建筑，并要求做到与古村落统一、协调的要求，拆除与古村落不相协调的现代建筑，并对村口环境、路面、停车场环境进行改造。2003年年底，西山镇政府成立了明月湾古村落保护和利用股份有限公司，并实行户主入股，政府统一投资维修的模式。2005年，苏州市出台《苏州市古村落保护办法》，明确了古村落的地位、保护内容和保护措施，明确了村民委员会和村民在古村落保护中的权利和义务，并对古村落的保护开发给予政策上的积极支持。2007年，西山镇政府以每月 2.5 元 / 平方米的标准向村民支付租金，鼓励村民担任景点管理员，将村民利益与传统村落结合在一起，最大限度地保护村落原有面貌，使明月湾村得以可持续的发展。

明月湾不断加强村落的管理和清洁工作，并且对游客也进行积极的宣传，从而使得居民和游客共同保护这一历史文化遗产。与此同时，明月湾加强各类卫生设施的配置，合理分布卫生间的安放，提升生活垃圾和生活污水的处理能力，从而减少对水体和土壤的污染，保护环境，使得人与自然和谐共存。

明月湾大力发展旅游业，农业生态旅游活动丰富，包括1—4月草莓采摘，3—5月碧螺春茶炒制、品茗，5—6月枇杷采摘，6—7月杨梅采摘，7—8月龙虾垂钓，7—10月葡萄采摘，8月无公害翠冠梨采摘，10—11月橘子采摘、石榴采摘、品太湖大闸蟹。以此带动水果、茶叶和水产品销售，提高村民收入和村落保护的参与度。同时提高旅游服务意识，增加旅游配套设施，提升旅游服务水平。如配套公交与旅游专线到达景点，投入绿色环保车辆来进行周边交通运输，从而减少私家车辆的进入，改善周边交通环境，减少尾气排放对古建筑的破坏。加强对农家乐的卫生与服务的监督，对食品卫生安全采取零容忍的态度，从而保障了游客的利益。同时恢复上山古道，增设游线，增添游客的体验感，并且利用多种绿化手段，加强沿河、沿路的绿化建设，重点保护和开发特、稀、珍的植物，如千年古樟、银杏等树种，并在村落中开辟公共绿地，使之成为游客和居民的休憩场所。

正如明月湾村负责人秦益民书记所说：传统村落的保护不是靠哪一个人，而是靠大家。

第四章
江苏农业特产型村落

第四章 江苏农业特产型村落

农业特产是指经过长期历史传承且具有地域特色的农产品或加工农产品。江苏农业文明历史悠久，物产丰饶，农业特产数量众多，其中不乏质量上乘、享誉国内外的精品。这些特色农产品为江苏农业特产型村落的产业培育和发展提供了得天独厚的资源优势。

第一节 农业特产型村落概述

农业是人类社会最基本的物质生产部门。农业生产的对象包括植物、动物和微生物，人类通过社会劳动对它们的生长繁殖过程及其所处的环境条件进行干预，从而取得生活所必需的食物和其他物质资料。作为农业长期生产与加工活动的产物，农业特产是指历史上形成的某地特有的或特别著名的植物、动物、微生物产品及其加工品，包括初级农产品和农副产品。农业特产具有以下特点：第一，具有较长的历史；第二，具有地域性特点，即生长环境的特殊性造就了其独特的品质；第三，品质优异或独特，其原料或产品优于其他产地同类产品；第四，种养方式或加工方式特殊。

江苏地处亚热带和暖温带的过渡地带，跨越3个生物气候带，气候温和，雨量充沛，境内地势平坦，河川纵横，具有优越的自然地理环境和丰富的物产资源。早在新石器时代就产生原始农业，形成以水田种植业为主，小家畜饲养为特色，采集、渔猎为补充的原始农业生产结构，素有"鱼米之乡"的美誉。同时，江苏又是中华农业文明的发祥地之一，有着悠久辉煌的农业发展历史。在长期的农业发展过程中，江苏历代先民凭借卓越智慧和不懈努力，创造了种类丰富、质量上乘的特色农产品和加工农产品，涉及农、林、牧、渔、副等各类农业产业。如八集小花生、沙塘韭黄、宜兴百合、太仓白蒜、如皋萝卜、太湖莼菜、阳山水蜜桃、洞庭枇杷、洞庭杨梅等农业产品；泰兴白果等林业产品；六合龙池鲫鱼、长江刀鱼、长江鲥鱼、太湖银鱼、太湖白虾、阳澄湖大闸蟹、如东文蛤等渔业产品；沛县狗肉、南京板鸭、南京盐水鸭、太仓肉松、如皋火腿、高邮咸鸭蛋、洞庭碧螺春、阳羡贡茶、洋河大曲、双沟大曲、锡山黄酒、扬州酱菜、太仓糟油、镇江香醋等农副产品，都是历史悠久、品质优良、享誉中外的江苏农业特产（图4-1至图4-8，图片来源：中国地理标志网）。这些特色农产品是江苏农业文化遗产的组成部分，是打造地域特色品牌、促进农村区域经济发展的重要资源，也是实现传统村落可持续发展的关

图4-1　宝应荷（莲）藕

图4-2　海门山羊

图4-3　邳州白蒜

图4-4　如东狼山鸡

图4-5　太湖莼菜

图4-6　泰兴白果

图 4-7 阳澄湖大闸蟹

图 4-8 长江刀鱼

键因素之一。

在江苏的传统村落中,以农业特产著称,且特色农产品仍是当地居民生活来源之一的村落一是以果茶种植为主,一是以水产养殖为主(表 4-1)。

表 4-1 江苏农业特产型村落

典型村落代表	突出特征
苏州市吴中区金庭镇堂里村堂里	碧螺春茶发祥地
苏州市吴中区东山镇翁巷村	果茶主产区
苏州市吴中区金庭镇衙甪里村	果茶主产区
苏州市吴中区金庭镇东蔡村	果茶主产区
苏州市吴中区金庭镇植里村	果茶主产区
苏州市吴中区金庭镇蒋东村后埠村	果茶主产区
苏州市常熟市古里镇李市村	水产养殖
镇江市丹阳市延陵镇柳茹村	水产养殖

以果茶种植为主的传统村落主要分布在洞庭山。洞庭山自古即是瓜果、茶叶等特色农产品的主产区,至今仍是著名的花果之山、名茶之都。目前当地种植的林果种类主要有杨梅、柑橘、枇杷、板栗、银杏、梅、柿、桃、枣、李、杏以及洞庭种、福鼎大白茶、迎霜、槠叶种等优质茶树品种,盛产茶叶、白玉枇杷、乌紫杨梅、洞庭红橘等优质特色农产品。这里也是江苏传统村落分布最为集中的地区,共有 11 个传统村落隐于东西二山之中,包括位于东山的陆巷、杨湾、三山、翁巷;位于西山

（金庭镇）的明月湾、东村、衙甪里、东蔡、植里、后埠、堂里。身处其间的传统村落也大多延续传统，以生产碧螺春茶、枇杷、杨梅、柑橘等传统农产品为特色。

除传统果茶生产以外，水产养殖也是江苏传统村落的一大特色。江苏跨江滨海，水系发达，水网密布，长江横穿东西425公里，京杭大运河纵贯南北690公里，另有秦淮河、苏北灌溉总渠、新沭河、通扬运河等大小河流2 900多条，太湖、洪泽湖等大小湖泊290多个，为渔业生产提供了优越的自然条件。早在先秦时期，太湖渔业即有所发展，越国大夫范蠡甚至著有渔业专科著作《养鱼经》。书中涉及渔业生产的多个方面，如养殖对象的选定、鱼池建造、密养轮捕、良种选留以及产子孵化等，并认为"夫治生之法有五，水畜第一"。《养鱼经》全书仅300多字，但其所记内容即使对当今的渔业生产仍具有一定指导意义，可见当时太湖渔业发展水平之高。如今，水产养殖依然是很多临湖滨海村落的农业生产活动和经济来源之一，特别是近年来小龙虾、大闸蟹等特色水产品的迅速发展，更为江苏传统村落的产业培育和经济振兴注入了活力。

第二节　江苏农业特产型村落个案研究

一、堂里——碧螺春茶发祥地

堂里位于洞庭西山水月坞，始建于宋代，因户户设堂，故名堂里。目前尚存沁远堂、仁本堂、容德堂、遂志堂、崇德堂、树德堂、礼本堂、乐耕堂等十余处清代建筑。其中，仁本堂是宋代抗金名将徐徽言的后人所建，清代又历经多次扩建，建筑面积4 000平方米，堂内遍布雕刻构件3 000多件，是西山现存规模最大的清代古建，堪称江南第一古宅。

除了拥有江南乡间古宅的经典范本，堂里还是名茶碧螺春的发祥地。

北宋书学理论家朱长文在其所著《吴郡图经续记》中提到，"洞庭山出美茶，旧人为贡。《茶经》云：'长洲县生洞庭山者，与金州、蕲州味同。'近年山僧尤善制茗，谓之水月茶，以院为名也，颇为吴人所贵。"①

朱长文本来就是苏州人，家里藏书万卷，自然对家乡知名物产甚为了解。只是陆羽《茶经》中并没有关于洞庭山茶的记载，所引内容可能出自成书晚于《茶经》近百年的毛文锡所撰《茶谱》。

虽然朱长文在引用时没有仔细核对原文，却也清晰地记录下了水月茶的由来，即水月茶为水月禅寺僧所制，因水月禅寺而得名。

水月禅寺就在堂里村南，建于南朝梁武帝大同四年（538年），废于隋大业六年（610年）。唐昭宗光化年间（898—901年），僧志勤因归地结庐，苏州刺史曹珪以"明月"名之。宋大中祥符年间（1008—1016年），真宗诏赐"水月"之名。

水月茶在宋时即名闻天下，并被列为贡茶。明代陈继儒在《太平清话》中对此有所记载，"洞庭山小青山坞出茶，唐宋入贡，下有水月茶，即贡茶院也。"至于入贡的水月茶为何种类型，则未见清晰记载，仅从晚年退隐洞庭西山的南宋名臣李弥大的诗句"瓯研水月先春焙，鼎煮云林无碍泉"可知，烹水月茶需要"研"，而研末是蒸青饼茶或散茶烹煮之前的特定工序，表明水月茶应属蒸青茶。

蒸青茶盛行于唐代，以蒸青饼茶最为流行，此外还包括粗茶、散茶、末茶，此3种茶与饼茶较为类似，都是用甑蒸杀青的不发酵茶，只有原料老嫩、外形整碎和松紧的差别。中晚唐时期，饼茶制作工序有所简化，只蒸不研、研而不拍的散茶（或称"草茶"）逐渐发展起来，且蒸青饼茶改制散茶的发展速度在入宋以后大大加快，甚至出现了炒青茶的记载。

制茶工艺的这一革命性转变在江苏茶区表现得尤为突出，特别是在福建北苑正式设置"龙焙"，专造"龙凤茶"之后，江苏茶业很快转入以生产散茶、芽茶为主的格局。所以虽然宋代皇室所需之茶仍沿袭唐代旧制，以饼茶为主，但江苏茶区却并无北苑龙焙专造龙团凤饼的束缚。所以水月茶虽做贡茶之用，但也极有可能是未经压制成饼的散茶类。

元代以后，水月禅寺多次损于战火，水月茶亦随之消逝，并由新的炒青茶品种

---

① [宋]朱长文撰，金菊林校点:《吴郡图经续记》，南京：江苏古籍出版社，1999年，第84页。

取代。据《苏州府志》记载，"茶出吴县西山，以谷雨前为贵。唐皮（日休）、陆（龟蒙）各有茶坞诗。宋时洞庭茶尝入贡，水月院僧所制尤美，号水月茶，载《续图经记》。近时东山有一种名碧螺春最佳，俗呼吓杀人。"《太湖备考》亦记，"茶，出东西两山，东山者胜。有一种名碧螺春，俗呼吓杀人香，味殊绝，人矜贵之。然所产无多，市者多伪。"清代学者王应奎载《柳南续笔》中记述了此名由来。相传洞庭东山碧螺峰的石壁之上生长着数株野生茶树，当地人每年采摘茶叶放在竹筐之中，带回家以供日常之用，持续数十年也没什么异常。直到康熙某年，人们还像往年一样，在茶树发芽时采摘，但是因为当年茶叶量较大，竹筐盛放不下，所以放置怀中。谁知茶芽吸收体温之后，异香扑鼻，采茶之人大呼此香吓杀人，便以之为名。自此以后，每到采茶时节，当地男女老少都沐浴更衣，全家出动。采到的茶芽不再用竹筐盛放，而是全部置于怀中。其中有个叫朱正元的村民，他家的茶最为出众。清圣祖康熙于三十八年（1699年）南巡至太湖时，江苏巡抚宋荦就买了此茶进献康熙帝，康熙觉得"吓杀人"听起来实在不雅，所以题名"碧螺春"。此后每年谷雨之前，碧螺春都会作为贡茶进献皇家。

也就是说，宋代属蒸青饼茶或散茶类的水月茶，历经改制，至明清时期发展为我们熟知的炒青芽茶碧螺春。而水月茶的孕育之地堂里，正是名茶碧螺春的发祥地。

在经济、文化等多重因素的保障下，洞庭碧螺春茶的制法也更加精湛，形成了一套完整、先进的炒青绿茶制作工艺。《洞庭东山物产考》对此有详细记载："茶有明前雨前之名，因摘叶之迟早而分粗细也。采茶以黎明，用指爪掐嫩芽，不以手揉，置筐中覆以湿巾，防其枯焦。回家拣去枝梗，又分嫩尖一叶二叶，或嫩尖连一叶为一旗一枪。随拣随放，做法用净锅入叶约四五两，先用文火，次微旺，两手入锅急急炒转，以半熟为度，过热则焦而香散，不足则香气未透，炒起入瓷盆中，从旁以扇扇之，否则色黄香减矣。碧螺春有白毛，他茶无之。碧螺春较龙井等为香，然味薄，瀹之不过二次，饮之有清凉醒酒解睡之功。"

可知碧螺春茶的采摘时间为清明至谷雨，采摘标准为一芽一叶初展至一芽二叶，采摘后的鲜叶需先拣剔去不符合标准的芽叶之后再进行炒制。碧螺春茶的炒制方法较为特殊，需"两手入锅急急炒转"，以"炒转"的手法使茶叶卷曲如螺、显露白毫，与当代碧螺春茶"手不离茶，茶不离锅，揉中带炒，炒中有揉，炒揉结合，连续操作，起锅即成"的炒制特点极为接近。

现代碧螺春的炒制工艺更为精细，主要工序为：采摘、拣剔、高温杀青、热揉成形、搓团显毫、文火干燥，每道工序都有严格的锅温、时间以及手法的控制（图4-9）。

图4-9　高温杀青（左）与搓团显毫（右）（邹光旗摄，2010）

采摘、拣剔：清明前至谷雨前，以"摘得早、采得嫩、拣得净"为原则，选一芽一叶初展的鲜芽叶进行采摘，芽叶全长1.6~2.5厘米。将采后鲜叶薄摊2厘米左右，放置在凉爽通风的室内摊晾。拣剔去鱼叶、老叶、抢标[①]、紫叶等不符合标准的芽叶。经采摘、拣剔后的鲜叶需当天炒制，不可隔夜。

杀青：在150~180℃的温度范围内，将芽叶反复旋转抖炒3~4分钟，目的是使鲜叶散发部分水分，微透香气，并稍带黏性。

热揉成形：在65~75℃的温度范围内，将杀青叶置于手掌和锅壁间，沿同一方向揉按，并适时抖散以避免其成团，直至杀青叶形成卷曲紧结的条索为止，此步骤约需10~15分钟。

搓团显毫：在55~60℃的温度范围内，将揉叶在两手掌中沿同一方向搓团，并

---

① 抢标，即提早萌发的越冬芽。

适时解块，目的是使茸毛显露，条索卷曲，此步骤需 12~15 分钟。

文火干燥：在 50~55℃的温度范围内，将搓团后的茶叶轻微翻动或轻团几次，待茶叶有刺手感觉即止，此步骤需 12~15 分钟。

碧螺春成茶外形条索纤细、卷曲如螺、白毫显露，色泽翠绿油润，有着"满身毛，铜丝条，蜜蜂腿"的生动形象；内质汤色嫩绿清澈、香气鲜雅，滋味鲜醇，叶底柔嫩明亮，以"形美、色艳、香浓、味醇"四绝闻名海内外，并有"一嫩（芽叶）三鲜（色、香、味）"的美誉（图 4-10）。

图 4-10　碧螺春成茶（邹光旗摄，2010）

碧螺春茶以其独特的制茶工艺和"吓杀人"的花果香闻名于中外，产品畅销于世界多个国家和地区。洞庭山碧螺春茶已成为国家原产地标记产品，其制作技艺也被列入第三批国家级非物质文化遗产名录。

如今，洞庭东西山依然是碧螺春茶的重要产区，遍布各山区村，茶园面积 1.1 万亩，年产优质碧螺春茶 120 吨[①]，年产值约 5 000 万元。其中，堂里村共有茶园 2 000 亩，是金庭镇碧螺春茶的重要产区之一。

---

① 苏州市吴中区人民政府：《吴中概况》，http：//www.szwz.gov.cn/szwzweb/zjwz/002003/。

二、翁巷、衙甪里、东蔡——果茶主产区

(一) 翁巷村落简况与保护现状

翁巷位于东山北部，主峰莫厘之下，东接席家湖村与太湖，西临翠峰坞，南与东山镇区直接相连，水陆交通极为便利。早在唐代末期，翁巷即为席氏定居之地。唐广明二年（881年），正值黄巢起义，唐廷摇摇欲坠，席氏先祖武威上将军席温对国事心灰意冷，举家南迁至东山翠峰坞下，置席家田业。席温三子席尚、席常、席当，依山麓而居，东山席氏也因此分为上席、中席、下席。

南宋建炎初年，大梁人翁承事率族南渡，始定居翠峰坞下，其子孙以务农为主。明中后期，翁承事的后代翁参，和其他东山家族一样，外出经商谋生，晚年归洞庭乡里，行善义助。嘉靖年间，时有强盗劫匪入山侵扰，翁参捐家财招募乡勇捍御盗匪。村内凡出入通道皆设更楼、巷门，共10余处，并派专人值班看护，俨然城堡。嘉靖万历年间，翁参之子翁笾将翁氏家族的生意发扬光大，成为东山首富。翁笾主要经营布缕、青靛、棉花等商品，其中布匹几乎被翁氏垄断，有"非翁少山布勿衣勿被"之说，海内称其"翁百万"。他以义著称，捐资修治家乡堤堰、寺宇，重修席家湖湖堤。同时翁笾也在这里购地建宅、大兴土木，其子侄之辈相继在左巷右弄筑宅建园，形成了一条长巷，始称翁巷。[①] 清代，翁巷因康熙第三次南巡时驻跸而闻名，翁巷的敞云楼也因《大清一统志》书局的暂设而备受瞩目，人文发展鼎盛。民国时期，翁巷因交通便利，航运一度兴旺，东山至上海的客货班航船的船埠和东山至苏州的外太湖轮船，都在席家湖码头停靠。翁巷至今仍保存着规模大、档次高，且形态各异的古迹，如明代建筑凝德堂（图4-11）、瑞霭堂；清末民初建筑松风馆（图4-12）；还有各式各样的古井，如柳毅井等，是东山古建筑资源较为丰富的村落之一。

1990年投资2.25万元，修缮了凝德堂大厅屋面、后厅墙面、墙门间等。1984年投资0.8万元，整修门楼。1999年，上海入林书画研究院副院长吴明其耗资10

---

① 白颖：《翁巷——太湖畔的中国传统村落》，《建筑与文化》2015年第3期，188-193。

万元购买了该堂最后一进住宅楼，又花15万元按原貌进行修缮。2006年，松风馆转售给张家港某企业家，被其用大代价完善，现变成一座具有苏州传统特色的私人住宅。

图4-11　凝德堂（刘馨秋摄）　　　　图4-12　松风馆（刘馨秋摄）

如今，居住在翁巷村的1 043村民，每户人家均有农副产业，村民每年收入良好，如东山杨梅种植面积约3 500亩，年产量1 810吨，其中25％出自翁巷，村民有着还算良好的收入。再加上祖辈留下的凝德堂、瑞霭堂、松风馆、席家花园、柳毅井等明清时期的第宅厅堂，吸引着越来越多的游客和投资者。被列入中国传统村落名录以来，许多外来游客慕名而来，为这座千年古村注入了新的活力，为旅游业带来生机，同时也为村民的农副产品销售带来了新的形式与契机。

（二）衙甪里村落简况与重要历史遗存

衙甪里位于西山岛西部，属衙甪里行政村甪里自然村，现为苏州市控制保护古村落。衙甪里亦称甪湾里，因汉初商山四皓之一的甪里先生隐居于此而得名。甪里郑氏于隋代末年南迁此处定居，是西山第一个南渡名门望族。民国元老李根源在《吴郡西山访古记》中赞曰："甪里洲以湖防言，实为湖中第一要地；以风景言，三面临水，山水秀聚，超轶尘凡，亦当为湖中名胜第一。"面积约1平方公里，在籍常住人口约600人。郑泾港南北横贯古村，有"郑泾港两头通，文昌阁坐当中"之民谚。街巷以东西向的牌楼街和南北向的郑泾街为主，东至东明山山脚，西至文昌阁，北至永宁桥，南至南星桥，街道总长 2 000 米，宽 1.5~3 米，路面为青砖、弹石、石板，街道一侧为排水明沟，两旁的古宅以清代建筑为多。村内保存有明清建筑 20 余处，面积约 5 000 平方米。甪里现有禹王庙（市级文保单位）、郑泾港、永宁桥、南星桥、甪头寨、巡检司衙署、御史牌楼、郑家祠堂、曹家祠堂、周家祠堂、宝稼堂（晚清廉吏暴式昭旧居）、巢园、绣衣坊、长寿寺、文昌阁等古迹多处。

1. 郑泾港

郑泾港（图 4-13）位于甪里古村，始建于唐代，古名芳塘，因由甪里名门望族郑家所筑而得名，长 1.5 公里，黄石驳岸，现存古桥 3 座（永宁桥、渡桥、南星桥）。郑泾港在明清时曾是浙江、江苏两省的界河，其西属浙江省管辖。永宁桥位于郑泾港北部，花岗岩平桥，两侧石柱均有对联，明嘉靖年间由甪里人郑栋、郑楷、郑林三兄弟所建，清乾隆五年（1740 年）重修。南星桥位于郑泾港南部，花岗岩拱桥，清乾隆二十七年（1762 年）由甪里人曹泰禧、曹泰仪、曹泰临、曹泰扬四兄弟为庆祝母亲王氏八十大寿而建。

图 4-13　郑泾港（衙甪里村供图）

2. 禹王庙

禹王庙位于在里古村北端三面临湖的甪里洲。占地50亩，由山门、牌坊、梨云亭、大禹像、太平军土城遗址、禹王殿、财神殿、天妃宫、古码头等组成。相传4 000多年前大禹曾在太湖治水，后人为了纪念他的功绩并祈求风调雨顺，在太湖中建造了四座禹庙。西山禹王庙现为太湖中仅存的一座禹王庙，1984年列为县级文物保护单位。历史悠久，始建无考，但远在南朝梁大同三年（537年）已有重修的文字记载。1 400年来，屡毁屡建，历经风雨沧桑，历史上最近一次重修是在清嘉庆十四年（1809年），殿壁嵌有重修碑记一块。禹王庙有大殿三间，楠木梁柱，高10米，单檐歇山式，四只戗角，正对东南西北四个方向。青石御路一方，为明代遗物，刻双龙戏珠。庙旁石碑题字"万顷波涛一望收"，为全国人大常委会副委员长胡厥文书。庙四周，湖山毓秀，庙旁地上，有菜籽大小的铁色砂粒，是传说中大禹铸铁釜、斩妖龙时留下的。

3. 古码头

古码头（图4-14）位于禹王庙前的郑泾港北端，始建于南宋，现存建筑主要为明代所建。高2米，长65米，面上用102块宽0.6米、长3.4米、重约1.5吨的金山花岗岩石条叠筑而成。

图4-14 古码头（甪里村供图）

4. 梨云亭

梨云亭（图4-15）建于2005年，其中的"甪里梨云"碑为清光绪二十五年（1899年）题。古时甪里遍植梨树，"甪里梨云白雪香"为旧时西山八大胜景之一。

5. 廉吏暴式昭故居

暴式昭故居（图4-16）位于甪里古村南部，在郑泾港西侧的南河头宝稼堂内，是暴式昭在西山做官时，租赁供全家居住的老宅，清代建筑，现存楼房3间、平房

5间，房屋较简陋，总面积300平方米。

暴式昭（1847—1895年），字方子，河南滑县人，清光绪十一年至光绪十六年（1885—1890年）在太湖厅西山甪里巡检司任巡检官，是历代少有的廉吏。祖父名大儒，与俞樾（曲园）是道光三十年（1850年）的同榜进士。暴式昭初任江苏平望司巡检，刻苦自励，非其所应得一文不取，生活与贫民无异。还禁止赌博、娼妓，禁止吸食鸦片，得到巡抚谭钧培的赏识，提拔为军机处存记。丧母辞官，后于光绪十一年（1885年）回到苏州，任太湖厅西山甪头司巡检。暴式昭到西山后，为官更加清正廉明。巡检是最小的官，从九品（相当于现在的副科级干部），属州县管辖，主要负责训练甲兵、维持治安、镇压反

图4-15　梨云亭（衙甪里村供图）

图4-16　暴式昭故居（衙甪里村供图）

叛。暴式昭由于俸禄很低（岁俸银三十一两五钱，俸米十五石七斗五升），为官清廉，没钱买房，全家只能在甪里村上租了幢简陋的民房宝稼堂供全家居住，暴式昭自己在房后开荒种菜、养鸡养鸭，夫人动手织布补贴家用，平时吃饭都是蔬菜为主，难得有客人来访或逢年过节才开荤。当时西山有典当商三家，每年都要以保护费的名义向巡检纳钱三百六十千，暴式昭把这笔钱全部捐给西山继善堂，自己毫厘未取。他经常穿着草鞋徜徉于山水之间，对西山的名胜古迹进行详细的考察，遇有面临危废的古迹祠墓，即自己出资或倡导树碑修复，现石公山的敬佛碑、诸家河的诸稽郢墓碑等即由暴式昭立。修桥铺路，热心公益，深得山民爱戴。他还收集西山诗文，自己以微薄的薪俸出资印刷，广为传播，夫人李氏把自己仅有的首饰也典当了来支持丈夫。

当时苏州知府魁文农贪贿渎职，对暴式昭的行为很是嫉恨，且暴式昭遇事多

有主见，因此被上司看作是"情性乖张，作事荒谬"，多次遭到上司的训斥。光绪十六年（1890年）春，外地人纷纷到西山放蜂，对西山的地方治安造成了很大危害，暴式昭于是下令禁止外地人来西山放蜂。苏州知府知道此事后非常恼火，虽经俞樾多次说情保全，暴式昭还是在光绪十六年十一月被革职了。暴式昭因为民办事得罪上司而被革职后，断了薪俸，既无钱回河南老家，又没米下锅，只能靠附近甪里、衙里的村民接济度日，时值隆冬大雪，生活极其艰难。西山百姓听说此事后，更加佩服暴式昭的廉洁品格，感谢他平日对西山百姓的种种恩惠，纷纷自发地冒雪送米、柴等物到暴式昭家中。一月之中，有七八千户共送米一百多石（一石约150斤），鸡鸭鱼肉等不计其数。暴式昭只取了其中的几斗米、几担柴、几块肉、几条鱼作为家人过冬过年之用，而将其余的全部分给了岛上的贫困百姓，传为一时佳话。

暴式昭与俞樾是世交，时俞樾正移家住在苏州，与暴家来往很密切，常有书信往来，暴式昭因此认识了当时在苏州的许多名士。西山诗人秦敏树画了《林屋山民送米图》，著名词人郑叔问作了《雪篷载米图》，一时被传为佳话。清光绪十七年（1891年）三月初六，在西山做了五年甪里巡检司的清官暴式昭携眷返回河南老家，西山百姓四五百人至甪里码头跪送，哭声不断，暴式昭夫妇也泣不成声，依依不舍而去。船上"仅载图书数十卷、太湖石三方、质券一束而已"（见俞平伯撰写的《清吴县甪头司巡检暴君墓碑铭》）。离开西山，暴式昭只带走了西山人民的深情厚谊，正可谓"两袖清风朝天去，不带江南一寸锦！"

光绪二十年（1894年），中日甲午战争爆发，暴式昭拄着木棍到天津请求从军，得到督师吴大澂的留用。吴上疏说"甪头巡检暴式昭坚持节操，以不善事上官被劾，深以为惜，请开复其官，交臣差遣"，得准，暴式昭遂从军榆关，到塞外采购战马，往返千里，不私一文。光绪二十一年（1895年）正月，暴式昭积劳成疾，在关外病逝，马革裹尸归葬河南滑县故里，年仅49岁。俞樾、吴昌硕、徐悲鸿、胡适、朱自清、张大千、沈从文、俞平伯、钱伟长等数百位近代和当代名家，都以书法、诗歌、文章、绘画等不同方式对暴式昭进行了褒扬。

6. 汉初著名隐士商山四皓

甪里先生、东园公、绮里季、夏黄公是汉初隐居于西山的四位著名长者，因秦末曾隐居于陕西商山，又都白发皓首，故并称为"商山四皓"。

甪里先生姓周名术字元道，太伯之后，京师号曰霸上先生，一曰甪里先生。东园公姓唐名秉字宣明，因住东园，故号东园公。绮里季姓吴名实字子衡，号用禄，后号绮里季。夏黄公姓崔名广字少通，因曾隐于夏里修道，故号夏黄公。后四人以才学任秦朝博士，掌管史事典籍，德高望重。后因不满秦庭暴政，一起弃官隐居商山，称商山四皓。刘邦称帝后曾屡聘四皓，四皓因少时不齿刘邦的为人，每次都借故推辞，不愿入汉为官，刘邦对此也深以为憾。

刘邦晚年宠幸戚妃，欲废吕后之子太子刘盈（即汉惠帝），而改立戚妃之子赵王刘如意为太子。吕后得知后采用张良的计策，由张良写信，太子刘盈亲自坐马车送到商山，厚礼相邀，终于感动了四皓，入汉辅助太子。入都后四皓与太子同游，高祖见太子有此四人辅助，叹道："羽翼已成，难动矣"，由此打消了改立太子的意图。四皓虽因而为汉室立了大功，但同时也得罪了戚妃和赵王刘如意，遂辞官，云游天下，最后在太湖之中的洞庭西山隐居。

在西山，至今还有四皓的许多遗迹。甪里先生隐居于甪里，甪里之名即由此而来，今尚有甪里先生读书处——甪庵遗址，村中有周姓大族，即甪里先生后人（周家上头自然村）。东园公隐居于凤凰山西南一里，即今东村，地名即因东园公而来。绮里季隐于绮里，今石桥马迹犹存，相传为东园公的坐骑过桥时留下的痕迹，绮里旧有四皓祠。夏黄公隐于慈里万花谷，其地曰黄公井，亦称黄公泉，其傍居民多姓夏，俗传即夏黄公后人。四皓隐居西山后不问世事，外面无人知其所踪，整日乐于山水之间，今缥缈峰山腰有仙人台，相传即为四皓聚会弈棋之处。因当时四皓隐于西山之事不为外人所晓，故有关四皓在西山的墓葬，历代史志均无记载。

汉惠帝刘盈登基后，感四皓之恩，虽不知四皓下落，仍在商山脚下，丹江之滨，建四皓陵，文官下轿，武官下马，以示敬仰，"四皓古陵冲北斗"为旧时"商州八景"之一，当地官吏为祭祀方便，亦建有四皓墓。甪里先生墓在陕西商县玉峰山下，东园公、绮里季、夏黄公的墓在陕西丹凤县商镇西的公路旁，今均已整修一新，对游人开放。隔丹江对面，便是四皓隐居地商山，有四皓庙，李白、白居易等均有诗作。

（三）东（西）蔡村落简况与重要历史遗存

东（西）蔡古村位于太湖西山岛南部消夏湾畔，缥缈峰南麓，依山傍水，风光秀丽。古村落沿消夏湾呈带状分布，包括由东向西的东蔡（属东蔡行政村）、秦家堡（属东蔡行政村）、西蔡（属缥缈行政村）3个自然村。消夏湾，因春秋时吴王夫差携美女西施在此避暑消夏而得名。西蔡，因南宋秘书郎蔡源长子蔡维孟奉母定居于此（西侧）而得名。东蔡，因蔡源次子蔡继孟居此（东侧）而名。秦家堡，因南宋秦观六世孙秦宗迈定居于此而得名。东蔡、西蔡和秦家堡三地相连，统称为湾里。元朝时形成集市，现存明清古街巷平面呈"十"字形，东至春熙堂，西至爱日堂，南至芥舟园，北至秦仪墓，全长600余米，宽2.5米，街道路面用青石、青砖、花岗岩条石铺设，部分路段改为水泥路面，路下或路旁有水道。街道两侧古宅相连，高墙四起，有保存较好的清代店铺4处，明清民居20余处，其中最有价值的为春熙堂、爱日堂、芥舟园。

1. 芥舟园

芥舟园亦称秦家花园，位于秦家堡缥缈小学旁，现为私房，房主秦澈。1986年列为县文物保护单位，目前无人居住。秦氏世代行医，专治伤寒，兼理妇科，在西山地区颇有名气。相传芥舟园是与秦氏宗祠同一年建造的（秦氏宗祠建成于清乾隆五十九年（1794年），顾光旭撰《洞庭秦氏宗祠记》），园内的建筑及装绘亦体现了乾隆时代拘谨、精细的风格。园门上留有顾光旭所书"芥舟"两字匾额，落款中无年月。[顾光旭，字华阳，号晴沙，无锡人，乾隆十七年（1752年）进士。工书画，当时为江南著名书法家。卒于嘉庆二年（1797年）。]花园面积不大，仅约二分，但小而精致，故有"芥舟"之称。花园南部，以黄石假山为主体，配以天竺、枇杷、万年青、罗汉松等花木，其中，罗汉松干径达70余厘米，为数百年之物，仍英姿勃发，清新挺秀，给人有万年不老之感。黄石假山虽不高大，但堆砌得盘曲错漏，奇峰异洞，巧布于数尺之间；黄石各有特色，有的带有蜂窝式的孔洞，有的似经千年波浪冲击而棱角浑钝、层次分明，更增加了假山的苍老古朴之感。

花园之东，埋有小缸，缸口覆盖怪石，做成小池一泓。池虽小，却与假山相映成趣，为古园增添了意境。花园西边，有石垒琴桌，桌前立灵芝状太湖石一块，虽不瘦透，但亦十分玲珑，石上刻有"洞庭波静泛秋水，楚甸林稀见远山"联句，落款为"丙戌夏日"。丙戌系乾隆三十一年（1766年）[或道光六年（1826年），或光绪十三年（1887年）]，则芥舟园之创建可能还早于秦氏宗祠。

花园之北，有书房3间，雅称"微云小筑"。单檐硬山造，面阔9.05米，进深8.20米，略呈正方形。屋内采用花篮厅的形式，没有前金柱，梁架全部承重于雕刻精细而悬空的花篮之上。因书房前半部无柱，所以特别敞亮。后金柱一线，用屏门十六扇，将书房隔为前明后暗的两部分。屏门与落地格扇的做法相类似，槅心四周镶嵌书画屏条，绦环板上雕刻琴、棋、书、画及博古图案，极富时代特点。裙板上则浮雕春兰、秋菊、芍药、牡丹、松、竹、梅等以花为主题的文人画，渲染了书房的气氛。房顶采用卷棚轩，施复水弯椽，上再筑草架，盖阴阳相合的小瓦屋面。屋前出檐很深，亦用花篮厅的结合形式，以伸出于檐柱外的扇形抱头梁、穿插枋挑起檐桁。檐口顶部亦用复水弯椽构成轩的形式，其上再复草架檐椽、屋面，做工十分道地。前檐部有落地格窗十六扇，槅心饰海棠纹。绦环板上饰以梅、兰、竹、菊等折枝花。裙板上的浮雕写意山水尤其精美，远山近水，各尽其态。芥舟园虽小，但雅而不俗，小巧精致，是苏州乾嘉年间农村小型第宅园林的代表作。

2. 春熙堂

春熙堂位于东蔡村，为里人蔡氏创建，清末售与秦氏，1984年为吴县园林管理处西山风景管理所收购并整修一新，辟为景点（未对外开放），1986年列为县文物保护单位。蔡氏早年经商湖南，致富后建造该堂，取《老子》中"众人熙熙，如享太守，如登春台"里的"春熙"两字来作为堂名。春熙堂创建于清乾隆年间，以后历代都有增建，范围最大时，除门厅、大厅、门楼、女厅、书屋之外，还有7个三楼三底的住屋及位于书房南面的包括有四面厅、九曲桥、八角亭等许多建筑的大花园一座。营建工程直至太平天国运动对湖广商业冲击之后才停止下来。目前，春熙堂除大厅、门楼、后楼外，还有最有价值的书房及位于书房前后的两个小花园。门楼题额"棣萼联辉"，取自唐代诗人岑参"一枝谁不折，棣萼独相辉"的诗句，蕴涵着主人祈合家欢乐、财运通达的意思。

书房建于清道光二十五年（1845年），面阔三间，环境雅逸，房中原有楹额，题为"缀锦书屋",取"运生花妙笔,联辞缀句而成锦绣文章"的意思。左右侧门门额分别题"金和""玉润",寓意主人文章人格如金似玉,流传久远。书房的建筑也鬼斧神工、独步一时,小巧玲珑,结构紧凑。通面阔9.40米,进深9.15米,建筑面积85平方米,平面略成正方形,前金柱一线施屏门挂落,将书屋隔为南北两部分。南部使用四架卷棚轩,北边采用花篮厅的形式,梁架均承重于吊空的花篮之上。中间的五架梁及北部的轩,均使用鹤颈复水椽,以上再施草架,使内部结构紧凑又富于变化。精雕细镂,梁、桁上都施华美的雕饰,有蝙蝠、寿桃、石榴、如意、灵芝、荷花、凤穿牡丹等吉祥图案。雀替构件用材很大,镂空度极高,如意绶带盘旋缠绕。楼下吊灯铜环四周则雕流云、盘长。镂空度很高的多层方形花篮及雕饰成万年青、宝盆的脊童柱,巧夺天工,为别处所罕见。

书房前的花园面积仅70平方米,园中以黄石假山为主景,栽有黄杨、天竺、蜡梅、棕榈、枇杷等花木,地面以方形板岩石块斜纹铺地,前立带有透空花窗的矮墙,使书房可以充分采光。书房后的花园,面积近100平方米,三面用高墙封实,墙上挂满爬山虎枝叶。该园虽小,却有三绝。一为白皮松两棵,大的一株径围2.10米,高近20米,雪枝翠叶,生机勃勃,为江南所罕见。二为百年牡丹,暮春繁花似锦,满园红艳生辉。三为三峰太湖石假山,中间一峰状若隆背老人,称老人峰;左右两峰一大一小,分别以古代高官谐音命名,大者称太狮、小者称少狮,太狮峰高3.40米,少狮峰亦高近2米,相传均为北宋花石纲遗物,因朱勔未及运出西山便已倒台而留在西山,后被蔡氏觅得,立于园中。这三峰湖石虽体量不及同产于西山的苏州留园冠云峰、织造府瑞云峰那么高大,但造型优美,皱、漏、瘦、透则有过之而无不及。

3. 爱日堂

爱日堂位于西蔡村,俗称新厅上,原为一大型宅园,现大厅已被拆,仅存位于屋西的花园一座,园内有书房、亭子(旱船)、花廊等建筑,均为清乾隆三十年(1765年)建,现由村民倪延林家居住,1986年列为县文物保护单位。西蔡为洞庭蔡氏族裔的正宗所在,故取《法言孝至》中的"孝子爱日"句意来作为堂名,意在追念祖先、珍惜光阴。书房三间,名晚香书屋,单檐硬山式,室内为五架梁前后轩,均施复水弯椽,上做草架、屋面。屋内构件选材、做工都十分精正。内四界前后金柱、梁架均圆作，雕饰不多，朴素大方。通面阔9.40米，进深8.80米。

花园分南北两部分，南花园较小。北花园，阔13.40米，深11.50米，面积约150平方米，园内以黄石假山为主，配有亭子（已塌，有亭基）、花木等。假山盘曲，中有洞，可盘旋而到亭中，亭南有水池，直径1.10米。亭在较高处，名"邀月"，南有黄石台阶5级，亭基高出基面约1.30米。花木种类很多，有桂花、紫薇、山茶、蜡梅、棕榈、竹等。桂花树很大，直径40余厘米，逾300龄。山茶两本，均开十八色重瓣花，称"十八学士"。花廊原是大厅通往书房的通道，在途经花园之处，仅砌齐腰高的半墙，上有"万福流云"，下有"美人靠"，可凭栏赏花。园之东西均有水浪弯椽半轩，与书房南北走廊相通，成半圆形围廊，墙上原画有杭州西湖风景，称"西湖沿"，以纪念蔡氏祖先（秘书郎蔡源）南宋时先到临安（杭州）为官、后到西山定居的南渡历史。

4. 秦仪墓

秦仪墓在缥缈峰南飞仙山麓秦家堡，当地人俗称"王坟"。秦仪（1229—1273）字元德，南宋西山秦家堡人，淳祐七年（1247年）中进士，授翰林院编修，后尚宋理宗之女娥明公主（1129—1270）。墓地约存10亩，多为村民开垦种植梅、橘、茶、蔬等，封土较完整，高3米，周约40米，南向有青石墓碑和祭台。碑为清康熙四十二年（1703年）重立，刻"故宋翰林驸马都尉元德秦公、娥明公主"等字。1986年被列为县文保单位。

古村落南部的消夏湾由大量农田、鱼塘组成。村落北侧的缥缈峰植被情况良好，山脚处有部分果林、茶园。

（四）农业特产资源

1. 洞庭红橘

南宋范成大在《社山放船》一诗中写道，"社下钟声送客船，凌波挝鼓转沧湾。横烟袅处鸡豚社，落日浓边橘柚山"，《翠峰寺》中也有"来从第九天，橘社系归船"的描写。橘社位于今翁巷汤家场、姚家桥以北，是宋时迁入翁巷的金氏聚居地。从范成大的诗句来看，橘社不仅是当时来往东山的重要码头，也极有可能是东山较早的柑橘水运出口集散地。①

我国是橘子的原产地，栽培历史已有4 000多年，产区遍及南方各地，其中洞庭山是我国最北面的柑橘产区，占江苏全省柑橘栽培总面积的90%以上。太湖"洞庭红"是太湖东西洞庭山特产的橘子总称。洞庭柑橘的栽培历史悠久。《唐书·地理志》即有苏州上贡柑橘、乳橘的记载。白居易任苏州刺史时，曾把洞庭红橘作为贡品献给皇帝，并诗《拣贡橘书情》"洞庭贡橘拣宜精，太守勤王请自行，珠颗形容随日长，琼浆气味得霜成。"唐代诗人韦应物、张九龄、皮日休、陆龟蒙等，都曾赋诗吟咏过洞庭柑橘，可见当时洞庭红橘的闻名程度。

洞庭柑橘品种丰富，唐时早红、料红产量最多，它橘次之，南宋《吴郡志》中曾记有当时的十余种柑橘品种。清中叶以后，洞庭柑橘有衰落趋势。据清代《太湖备考》载："橘出东西两山、所谓洞庭湖是也……自明至清屡遭冻毙，补植者少，品亦稍下，所产寥寥矣。"

洞庭柑橘自20世纪50年代以来，品种始更新换代。经历了3个不同的时期：第一个时期是20世纪50~80年代，主要是本地柑橘；第二个时期是80年代末至90年代初，种植本地品系柑橘逐步缩小，引进早熟温州蜜柑、兴津、宫川等品种。至1994年蜜橘面积已达种橘总面积的1/3，产量达柑橘总产的1/2；第三个时期是90年代后期起科技种橘兴起，高接换种技术推广，椪橘、早橘进入市场，并引进美国的脐橙、日本的天草等新品种，由此代替温州蜜柑。本地品系柑橘仍保留一部分，主要以料红为主，但价格已降至历史最低点。2000年，又从外地引进朋娜、塔罗科血橙、吉田、清家、纽荷尔、白柳等脐橙品种。随市场变化以料红橘为主的本地橘又有回升。

洞庭红橘树冠长势旺盛，高大，耐寒性好，单株产量好高，橘果中秋后开始转黄，10月底早红橘成熟上市。洞庭早红橘，分粗皮、细皮两品种。粗皮汁少，味甜，产量较低；细皮汁多，略带酸味，产量高。洞庭红橘中的料红橘品种，果实大小均匀，味甜，皮薄，成熟较晚，经霜后才能采摘，采收后可储藏到春节后色香味

---

① 白颖：《翁巷——太湖畔的中国传统村落》，《建筑与文化》2015年第3期，第188-193页。

不变，为其他柑橘不及。早红橘中秋后开始转红，寒露后早于他橘开始上市，而得名，继之为黄皮橘，料红橘最晚，立冬后成熟采摘，其优点是耐贮可放至春节。

目前，在苏州东山洞庭红橘的主要产区陆巷古村现存一棵百年树龄的古橘树，这棵古橘树被当地人称为"苏州洞庭红橘王"，树高约7米，树冠径6米，树胸围1.12米，年产洞庭红橘近千斤。

2. 洞庭杨梅

洞庭杨梅（图4-17）已有四五百年的历史，明清时即负盛名。王鏊在《姑苏志》中赞"杨梅为吴中佳品，味不减闽之荔枝。"清代《花镜》亦称杨梅为"吴越佳果"。

图4-17 洞庭杨梅（图片来源：中国地理标志网）

洞庭杨梅品种繁多，仅以色分就有紫、红、白3种，其中，紫色最好，白色次之，红色居末。如按品种名称分有大叶细蒂、小叶细蒂、乌梅、石家种、绿荫头、荔枝头、长柄杨梅、浪荡子、大核头早红、黄泥掌、树叶种、蚂蚁种12个品种。尤以乌紫色的大叶细蒂的乌梅（又称炭梅）最为著名。20世纪90年代，东山栽种杨梅以小叶细蒂为主，占总量的90%，其次为大叶细蒂、乌梅、浪荡子、桃红等品种。

洞庭杨梅个大，味美，水多，核小。其中上品乌梅色泽乌紫、个大、肉厚、汁多、味甜、核小，食之生津开胃，风味奇特。东山北望村岭下的最好，因为山坞较深，而且多数长在山坡上，受太阳照射早且时间长，不仅口味最佳而且成熟期也早。杨梅富含糖类、果酸、维生素C和B族维生素等，能助消化、增营养，还有治疗神经炎和预防维生素C缺乏病的功效。目前，洞庭杨梅在东山、西山种植面积近万亩。

3. 洞庭枇杷

吴县洞庭枇杷（图4-18）主要产于江苏省苏州吴中区（原吴县）境内洞庭东西山。洞庭东山主要集中于东南部的西坞、涧桥、搓湾、杨湾一带，其次为北部西湖的杨家湾、岱心湾一带。洞庭西山则以南部的秉常、汇上为主东北部的元山前湾一隅为次，是洞庭山枇杷最主要产区。

我国栽培枇杷的历史悠久，据《周礼》记载，早在周朝的国家园圃中就将枇杷作为珍品来栽培。枇杷在汉代已成为主要果树。唐朝的时候，枇杷曾流传到日本，唐德宗即位后，诏令山南将枇杷作为贡品，岁岁进贡。到了宋代，我国长江流域和华南诸省均有栽培。16世纪，福建莆田、浙江余杭塘栖和江苏太湖洞庭山盛产枇杷，是我国枇杷的主要产区。明代王世懋《学圃杂疏》中说："枇杷出东洞庭者大。"因而享有"枇杷之乡"的称号。

图4-18 洞庭枇杷（图片来源：中国地理标志网）

吴县洞庭是我国枇杷的传统产区。据《太湖备考》记载：明朝嘉靖年间，枇杷盛产于东山白沙村、纪果村一带，故有白沙枇杷之称。枇杷品种甚多，约有40多种，吴县洞庭东山就有30多种。人们习惯上将其分为白沙、红沙两大类。其中白沙枇杷有照种、青种、小白沙、鸭蛋白沙、荸荠枇杷等10多个品种。照种因具有生长迅速，果形整齐，风味鲜甜，不易裂果，比较耐冻，大小年不甚显著，产量较高等优点，是目前洞庭枇杷的当家品种，种植面积占枇杷总面积的90%以上。据说这一品种是由东山杨湾村农民贺照山在1827年培育而成的。红沙枇杷，皮和肉都呈黄色，品质较差，已基本被淘汰。吴县东山的白沙、光福的红沙都是枇杷中的珍品。

20世纪80年代，由于枇杷产量、产值不如柑橘，故重视柑橘而轻视枇杷，致使枇杷生产逐年下降。据1994年统计，洞庭山枇杷面积已由历史上最高的4 083亩（1973年）减少到3 034亩。90年代后期开始，随着新一轮农业结构的调整以及人们生活水平的提高、对枇杷保健价值的认识，白沙枇杷产业又得到恢复和发展。

洞庭白沙枇杷皮薄，肉白带黄，质细柔嫩，汁多味美。品种有照种、表种、小白沙等。其中以照种品质最优，照种形如圆球而稍扁，肉厚汁多，肉色晶莹，肉质细嫩，酸甜适度，入口而化，爽口不腻，有"银蜜罐"之誉。红沙枇杷皮黄、肉橙，味甜，汁多，味稍逊色。

枇杷不仅鲜美汁多，而且营养价值很高。据科学分析，每斤鲜枇杷果肉中含有蛋白质1.3克，脂肪0.3克，糖类23克，钙73毫克，磷119毫克，还有胡萝卜素、维生素A、维生素C。枇杷中的有机酸，能促进消化腺分泌，增进食欲，帮助消化，还具有止渴解暑的功能。以枇杷为原料制成的枇杷膏，有清肺、润喉、解渴、止咳的作用，被用作中药。枇杷还可以做成罐头、果酒等。

目前，东山、西山枇杷的种植面积达1.2万亩，产量达1 400吨以上。主要推广品种有冠玉、白玉、青种等。

三、李市——水产养殖

李市村位于常熟市古里镇南部，距白茆镇约5公里，东与支塘镇毗邻，西接沙家浜镇，南与昆山市巴城镇交界（图4-19）。李市建村于明代，因村内主要家族姓李而得名，是苏南传统水乡村落的典型代表，也是明清时期经济繁荣的江南集镇之一。据《常昭合志》记

图4-19 李市（刘馨秋摄）

载,"李市跨东山泾(旧属双凤乡),距城约四十里,街五六道,居民六七百户,有城隍庙、石桥一、木桥六。附近小村庄曰'山泾'(居民数十户)。"

关于李市的由来,有两种说法:明正统年间,朝纲不振,天下大乱,一位李姓商人坐船经过此地,迷路长达9天,李市遂成为他躲避乱世、经营生意的风水宝地。此后,李市渐成李氏家族的定居地,并因贸易发达,吸引了周边居民到此买卖、定居,李市也因此得名。另一种说法称,约在1426年,明朝一位李姓官员告老后居于此地,并建有一宅,名李墅,此后人口渐多,集市繁盛,遂得名李市。①

李市是以水运为依托发展起来的村落。所处地区水系发达,河道密集,水域面积约占村落总面积的23.3%。②拥有与李市大街平行的市河,北面的陈泾河,西面的三泾河和黄瓜浜以及吴泾河、清小湾、赤沙塘等河流。村落内部水网集中汇入北面的陈泾河,三泾河和黄瓜浜则是主要船运河道。其中,三泾河分别从北、西、东三个方向包围李市村,是村外的主要河流,也是主要的农业生产水源和排洪通道。这些河道基本限定了李市村的边界,纵横交错的水网同时也为李市营造了一个相对隐蔽的环境,使之成为躲避战乱和发展商贸的风水宝地。明清以来吸引了众多富商大户来此避居,鼎盛时被誉为"铁李市",紧随"金唐市""银梅李"之后,其繁华程度可见一斑。中华人民共和国成立以前,河道、船坞在李市的交通和货物流通中仍然占据主要地位。直至公

图4-20　李市村河道(刘馨秋摄)

---

① 掌少波:《常熟地区传统村落空间形态演变研究》,南京林业大学硕士学位论文,2010年,第7页。
② 王鹏,张青萍:《解析·保护·传承——李市古村空间解析与保护更新》,《中国风景园林学会会议论文集》,2010年,第130-132页。

路交通发展起来以后,李市的水路运输才渐渐衰落,昔日商业与农业中心的繁荣也随之褪去(图4-20)。

李市依水而建,沿水而居。村落主要街巷以"十"字形水系为脉络,形成"井"字形的骨架布局。①包括南北走向的李市大街、东岸街道,东西走向的李市东街、李市老西街。其中,李市大街贯穿整个村落,是全村的商业性主街,其他街巷则起到联系街坊、邻里的作用。村内"井"字街巷系统与桥梁一起,将被水网分隔成四个部分的村落紧密联通(图4-21)。民居建筑沿街巷和河道集中分布,或为前后临河的合院式,或为前街后河的临水型,或为隔街而河的面水型,水道、街巷与民居建筑相互融合,形成了丰富而生动的空间层次(图4-22)。②

图4-21 李市村卫星地图

如今,李市村内部的"十"字形水系和"井"字形街巷布局基本得到保持,但传统建筑、街巷等均有不同程度的损毁,对村落传统风貌造成严重影响(图4-23)。

随着现代公路运输和工业发展,李市水系的运输、农业灌溉等传统功能逐渐弱化,取而代之的是日益发展的水产养殖业。据调查,李市村民大多不再耕种,而是将田地开挖成养殖场,以养殖螃蟹、河虾等水产品为主。大部分村民将田地流转给

---

① 掌少波:《常熟地区传统村落空间形态演变研究》,南京林业大学硕士学位论文,2010年,第17页。
② 阳建强:《江南水乡古村的保护与发展——以常熟古村李市为例》,《城市规划》2009年第7期,第88-91,96页。

图4-22 李市村貌（刘馨秋摄）

图4-23 破损房屋与水泥街面（刘馨秋摄）

大户经营，小部分村民用自己的田地养殖。李市现辖区域耕地面积为5 900多亩，其中，粮食种植面积约1 000亩，养殖面积约4 000亩，约有200多户养殖户，大部分都是本地村民，外村经营者占比重较低。水产品是目前李市村的特色产品，但在本地没有形成产业链，而是捕捞之后直接由外地商贩收购。

第五章

江苏工商贸易型村落

工商贸易型村落以承载经济活动为主要职能，因此，村落本身通常具有农业或相关产业发展基础，而且留存有比较完整的公共建筑及公用设施、道路系统、居民住宅、商业区等。历史时期，江苏农村经济发达，市场化水平较高，为工商贸易型村落的形成和发展提供了优势条件。

第一节　工商贸易型村落概述

市场是人类对于固定时段或地点进行交易的场所的称呼。它的起源可上溯至《易经》关于"日中为市"的记载，是指"致天下之民，聚天下之货，交易而退，各得其所"的小生产者之间的贸易。魏晋隋唐时期，由定期乡村市集转化而来、具有浓厚民间色彩的"草市"贸易，随着社会经济的发展逐渐活跃起来。至唐代中叶以后，乡村市集出现大量市镇化或者城市化的趋势。[1] 宋代以来，随着农业生产力和生产效率的提高，小农与市场的联系愈加紧密，草市、墟集贸易逐渐向"镇市"发展。原有的定期市逐渐演变为商业性的聚落，而原有以行政及军事机能为主的城镇，也蜕变为商业及贸易的据点，促使普通村落逐渐发展成为稳定的经济中心地。[2] 特别是在江南等商品经济发达之地，多数地区已形成了以府、州、军等治所城市为核心的"州府市场"网络，在其之下，有县镇沟通城乡市场联系，而网络的底层则是由集市、墟市、村市等构成的基层市场，现代形式的市镇已经开始萌芽成长[3]。在发达地区，由一定数量的州府市场网络整合而成的区域市场已开始形成。明代以后，全国范围内的区域性商品基地陆续出现，进一步促进了全国范围内的商品流通，农村集市也随着商品经济的发展而得到大规模发展，全国各主要省区集市数量迅速增长。至清末，全国集市总数可能超过 30 000 个。[4] 随着集市数量的大幅

---

[1] 牟发松：《唐代草市略论——以长江中游地区为重点》，《中国经济史研究》1989 年第 4 期。
[2] 刘石吉：《明清时代江南市镇之数量分析》，《思与言》1978 年第 2 期。
[3] 刘石吉：《明清时代江南市镇之数量分析》，《思与言》1978 年第 2 期。
[4] 许檀：《明清时期农村集市的发展》，《中国经济史研究》1997 年第 2 期。

增长，集市分布密度也迅速提高，而"市"与"镇"已非广义的指一切都市、都会等，而是以商业机能为标准，在明清方志中，"市镇"与"镇市"已成为江南地区一般商业聚落的通称。① 江南地区商品市场进一步打破了"墟""集""场"的时空限制，形成各市镇平均距离约10多里路的水乡市场网络体系。②

农村市场是农村社会经济交易的公共空间，也是衡量中国农业商品化程度和农业经济变动的重要指标。农村市场可以优化资源配置，能够满足农民家庭正常的贸易需求。众多不同规模的农村市场相互连接，构成庞大的商品流通网络，为大规模、长距离的商品流通奠定基础。江南是近代农村经济和农村市场发展最为繁盛的地区，它代表了南方农业经济高度发达地区的发展水平，也代表了晚清商品农业发展的最高水平。江南市场网络具有层次多、覆盖区域大、交通便利、市集分布密集等特点，它由生产性市镇、流通性市镇和消费性市镇构成，而流通性市镇是其最基本类型③。江南市场体系从层级结构上可分为农村集市、乡镇市场和城市市场3种贸易体系。农村集市的主要功能在于"保障供给"，乡镇市场则发挥其商品集散和流通功能。④

市镇在江南地区的区域市场中占据重要地位，市镇、墟市与苏州、杭州、上海等周边中心城市紧密相连，进而连接全国各地以及国际市场。⑤ 有学者统计，明清江南地区已经形成以400多个市镇初级市场为基础、数十个城镇专业市场为支柱、苏杭两大城市中心市场为枢纽的立体商品流通网络。⑥ 鸦片战争后，中国的经济中心从广州北移至上海，从而进一步刺激了江南经济，促使19世纪中叶以后江

---

① 任放：《二十世纪明清市镇经济研究》，《历史研究》2001年第5期。
② 张海英：《明清时期江南地区商品市场功能与社会效果分析》，《学术界》1990年第3期。
③ 陈忠平：《江南市镇经济结构研究》，硕士学位论文，1984，转引自刘石吉《明清市镇发展与资本主义萌芽——综合讨论与相关著作之评价》，《社会科学家》1988年第4期。
④ 单强：《近代江南乡镇市场研究》，《近代史研究》1998年第6期。
⑤ 郭松义：《清代地区经济发展的综合分类考察》，《中国社会科学院研究生院学报》1994年第2期。
⑥ 陈忠平：《明清时期江南地区市场考察》，《中国经济史研究》1990年第2期。

南市镇的快速成长。[1] 20世纪初的统计资料表明，该地区平均每千平方公里有乡镇27.8个，约36平方公里就有一座乡镇，乡镇间距约为6公里（华北集镇间距约14公里），市场贸易区域在36平方公里左右。[2]

空间结构上，江南市镇大多"夹河为市"，即居于河流两岸，占据在河流交汇点上，成为商贾云集的水陆码头。同时，江南市镇通常分布在农业、手工业比较发达和经济作物广泛种植的地区，有些市镇带有行业性特点，甚至产生了工商业巨镇[3]，这是商品经济迅速发展、社会分工日益扩大的直观表现。

江南市镇的高度专业化水平使市镇在区域市场中占据显著地位。在江南市场网络中，丝业、绸业、棉业和布业市镇数量最多，规模最大，营业额也最为可观[4]；其他专业市场还包括粮食、运输、盐业、水产、编制、竹木山货业、建材、铁制品农具、绣品、烟叶、笔墨、花车、榨油业等类，以一种主要产品为中心，形成"一镇一品"的格局，以生产促进流通，以流通带动生产，从而实现区域经济的良性循环。星罗棋布的各类专业市场把个体生产者、手工业作坊、行庄与各地客商、各地市场等相对分散的经济实体互相联系起来，一方面作为将初级市场中各类农产品原料输入高级市场的中转站，一方面将高级市场中各类工业品及信息反馈到初级市场，对乡村进行资源的重新配置，从而对区域经济发展起到调节作用，市镇也因此成为江南农村经济发展的重心。[5]

以江南著名农产品生丝和蚕茧的购销为例。19世纪下半叶，生丝出口贸易、机器缫丝以及鲜茧贸易兴起以后，丝栈、丝号和丝行随之出现。丝栈经营土丝，丝号经营厂丝。丝栈一般不直接从事生丝买卖，而是代外地商向洋行销售，从中收取佣金和栈租。丝行大多由产地丝商经营，他们从产地的生丝收购商，即丝庄那里收购生丝，经过整理加工之后运往通商口岸，再通过丝栈销售给洋行。茧行代替缫丝

---

[1] 龚关：《明清至民国时期华北集市的比较分析——与江南、华南等地的比较》，《中国社会经济史研究》2000年第3期。
[2] 单强：《近代江南乡镇市场研究》，《近代史研究》1998年第6期。
[3] 何荣昌：《明清时期江南市镇的发展》，《苏州大学学报》1984年第3期。
[4] 樊树志：《明清长江三角洲的市镇网络》，《复旦学报》1987年第2期。
[5] 单强：《近代江南乡镇市场研究》，《近代史研究》1998年第6期。

厂到产区收购鲜茧并烘干，然后交付丝厂，丝号收购厂丝后再行出口。从丝、茧的流通渠道可以看出，晚清江南已经形成了连接乡村、市镇、中小城市、大城市直到通商口岸的多层次市场网络。[①] 明清以来江南水乡市场网络体系的发展，一方面促进了商品农业的发展，同时也加速了工业化的进程。

凭借发达的市场经济，江苏孕育了为数众多的以工商贸易为主要功能的传统村落。而且江苏跨江滨海、水网密布，水运体系卓越，因此，此类村落的形成与发展通常与其所处的自然地理条件密切相关。如凭借苏南太湖地区完善的水网优势而兴起的"江南商业集散地"礼社，南邻太湖，北枕长江，京杭大运河支流五牧河由南向北贯穿全境。发达的水系给礼社带来了灌溉和运输的便利，使之成为明清时期江南著名的商业集散地。而缫丝、养蚕等相关产业的发展基础和商业积累又促使其较早接触先进国家现代工业文明理念，引进自动化蒸汽烘茧设备、缫丝设备等现代工业机械，掀起缫丝工业发展高潮，从而成为江南水乡村落经济和社会发展的典型代表。

广济桥、余西和草堰则是依靠东部临海地区的通江襟海之便而兴起的盐商重镇（图5-1至图5-4，表5-1）。

图5-1　余西龙街（余西村供图）

图5-2　余西运盐河石驳（余西村供图）

---

①　丁长清，慈鸿飞：《中国农业现代化之路——近代中国农业结构、商品经济与农村市场》，商务印书馆，2000，第384-385页。

第五章 | 江苏工商贸易型村落

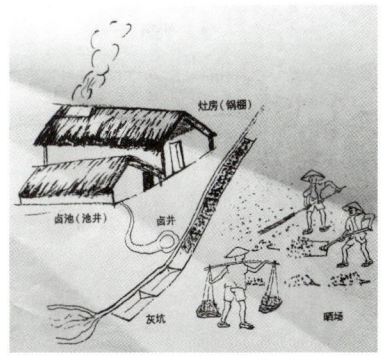

图 5-3　草堰产盐（草堰村供图）

图 5-4　草堰正闸（草堰村供图）

表 5-1　江苏工商贸易型村落

典型村落代表	突出特征
无锡市惠山区玉祁镇礼社村	江南商业集散地
无锡市锡山区羊尖镇严家桥村	无锡民族工商业发祥地
常州市武进区郑陆镇焦溪村	明清商贸集镇典型代表
南通市通州区石港镇广济桥社区	盐商重镇
南通市通州区二甲镇余西村	江海龙城盐商重镇
盐城市大丰市草堰镇草堰村	东方盐都

东滨黄海的余西是明代以后基于煮海为盐而逐步发展成为繁荣的盐业产运集镇，清代中晚期随着海岸线东移，盐场没落，逐渐转变为运盐河沿线的商业集镇。余西"因盐而生，因水而起"，从煮盐为场到海岸变迁转型集镇，发展历史脉络清晰完整，这种变迁是中国古代技术生产型场镇向贸易商业集镇的转变历史的一个典型缩影。余西至今仍保留众多珍贵的盐业、商贸遗迹，是南通地区盐业水乡聚落特色的真实载体，是淮吴交融之地民居及商业遗存的集萃之地。草堰村内东临黄海，西枕泰州，南近上海，北接盐城。历史悠久，春秋战国前成陆。宋范仲淹率修捍海堤，御潮头，解民悬，由竹溪更名为草堰。至明清，盐业日隆，雄踞"淮南中十场"之冠，农耕兴，市贸荣，八方商贾云集，千家店铺，成为中国"盐文化"发祥地之一。

第二节 江苏工商贸易型村落个案研究

一、礼社——江南商业集散地

（一）历史沿革

礼社[①]位于无锡市惠山区玉祁镇西南，无锡、江阴、常州三地交界处。这里河网交错，南邻太湖，北枕长江，京杭大运河支流五牧河由南向北贯穿全境，给礼社带来了灌溉和运输的便利。礼社周边水系发达，绕村蜿蜒、景色秀丽、乡风淳朴，经济富庶，码头林立，是明清时期江南著名的商业集散地，是江南水乡村落经济和社会发展的典型代表（图5-5）。

礼社自古就为锡邑北乡重镇，其所在的地方最初名为"吕舍"。据称礼社"先有汤曹陈，后有吕强薛"，唐氏是最先居住在礼社的姓氏，现在地名中仍有"汤家巷"，但已无唐氏后人居住。宋高宗南渡后，散骑郎吕文缨于淳熙年间（1185年前

---

① 参考张建清主编：《江南古镇礼社》，苏州：古吴轩出版社，2008年；玉祁街道办事处：《礼社古村保护工作汇报材料》，2016年；中共惠山区玉祁镇委员会、惠山区玉祁镇人民政府：《江南礼社古镇》。

图5-5 礼社村貌（刘馨秋摄）

后）自金华北上至无锡锡北乡，途经白沙圩桥，爱桥东一片沃野绿水而卜筑草舍定居于此，取名为吕舍，距今已有800多年的历史。

明朝宣德年间（1426—1435年），江阴人薛琚入赘本地曾任地方知州的王本家，筑堤垦田、纺纱织布、开肆经业，成为薛氏始祖。薛琚（1385—1458年），官至京师虎贲卫镇抚。他世居江阴仁社，少年时熟读兵书，善骑射，后从军，投在其父薛启堂（广西按察司佥事）旧友之子新城侯麾下，文武兼备，屡建战功。他治家理财很有远见，把两千多年来作为社会规范和道德规范的核心精神"礼"，拿来用作治家兴族的准则。薛氏边耕读传家边经商理财，同时发展织布印染等手工业。至清乾隆年间，薛氏田产已达鼎盛，遂于薛家巷兴建街市，成为锡西北三大姓之一（其余两个为石塘湾孙姓和蒟庄杨姓）。薛家以江阴丛桂坊薛氏同宗"仁社"为荣，为示意相通，同时考虑到与"吕舍"名字的融合，巧妙地给自己的居住地取名"礼社"，含义为"尚礼守法安居之地"。既包含深刻的儒家思想，又切合"吕舍"的读音。

随着薛氏等氏族相互融合，不断壮大，礼社也随之迅速发展，街市商贾云集，市容繁华，经济文化空前繁荣，在周边地区一时风光无二，成为玉祁的商业和居住中心，被誉为江南经济文化的一颗明珠。

目前，礼社村域面积约3.7平方公里，常住人口3 676人，外来人口1 200多人。古村至今仍保留有一定的水乡古镇风貌和深厚历史文化底蕴。礼社老街现长200余米，始建于南宋淳熙年间，两侧多为明清至民国时期的深宅大院，石库门、方砖楼、花墙、雕梁、花园等，形成了以老街为核心的传统街巷肌理，窄巷幽深、多进院落的江南民居空间格局。礼社还是一个著名的名人之乡，数百年来共出秀才、举人23名，现代更诞生了薛暮桥、孙冶方二位经济学泰斗。现存薛暮桥故居、孙冶方故居两处省级文物保护单位。此外，礼社还保留许多优秀历史建筑，包括清九十九间半、薛氏义庄、水龙宫、永善堂、秦古柳故居、薛佛影故居、蚕茧所等，颇具历史价值。这些建筑多为清代、民国时期建筑，以砖木结构为主，形制古朴，体现出江南古村落别具一格的特色。礼社于2009年被国家评为历史文化名村，2012年入选中国传统村落名录。

（二）实业经济与遗产资源[①]

礼社农户织布、种桑、养蚕已有几百年历史。明弘治年间（1500年前后），礼社境内土布业已相当发达。乡间家家纺纱，户户织布，供自织自用，多余出售或以布换米。纺织机械为木制布机、手摇袜机等。有些农户在纱庄领取棉纱，代为纺纱，加工成布获取加工费。也有农户购进棉花，自己纺纱织布，至清乾隆年间，棉布成为本地生产之大宗。民国初期，礼社已有织布机300余架，平均每两户1架。1916年花边生产盛行，礼社从事家庭花边生产的有400余家，并由花边商与上海洋行签订合同。薛暮桥对礼社调查后撰文："继棉织而起之家庭手工业首推花边，始于1916—1917年，1918—1919年而极盛，1924—1925年即趋消失。织袜始于1917年，每人每日织袜1打左右，可得工资2~3角。1924—1925年，本镇有小规模织袜工场1处，织袜机30~40架。"棉纺织业的发展促进了礼社的社会分工以及

[①] 张建清：《江南古镇礼社》，苏州：古吴轩出版社，2008年，第74-76，118-125页。

城乡交流和农村经济繁荣。

礼社的缫丝、养蚕等相关产业发展繁盛。清末民初，较早接触先进国家现代工业文明理念的薛氏乡绅率先引进现代工业机械，如自动化蒸汽烘茧设备、缫丝设备等，掀起缫丝工业发展高潮。1949年前后，礼社公开办了13家缫丝厂，包括同心仁丝厂、源丰仁丝厂、大阿仁丝厂、唐如章丝厂、泉源丝厂、贾士奎丝厂、刘文千丝厂、刘阿奎丝厂、吕祥金丝厂、唐克忠丝厂、刘正祥丝厂、薛逢均丝厂、史林妹丝厂等。丝厂分布在唐家浜、桥西刘家宕、后巷、西街、中街、油车弄等礼社周边地区。

同时，收茧、烘茧等行业也获得了相应发展。据统计，礼社有茧行10余家，较大的有丰泰顺、薛子瑜、达昌、福太、望暹和野茧行（永和）等。其中，丰泰顺茧行规模最大，房屋有九十九间半。朝南的门面有9间，设有收茧用的大秤、小秤、茧箩、茧匡等工具，后院则备有烘茧灶，前门收茧，后院烘茧，然后入仓廪储藏。丰泰顺的最后院15间房屋是蚕种场，制种人员在此分辨蚕茧雌雄，然后进行合理选种配种，从而保证质量，提高产量。薛子瑜茧行最早引进日本的水汀式蒸汽机，滚动大型钢丝滤网温控流水线等先进烘茧设备，烘干的茧子干燥度好，质量高，色泽白亮光洁，是优质的制丝原料。

随着本地土布业的发展，染色印花的需求大增，因此，唐培泉于1894年在礼社西街开设了第一家染坊。1924年，王长庆自筹资金，又在东街开设了源泰染坊，设置土布、丝绸、棉纱染色，土布、夏布的印花以及土布的磨光加工等业务。

除缫丝厂、茧行以外，作为商业集散地的礼社还开设有各色行业和诸多商铺。据统计，1938年礼社有行业25个，商店50余家；1949年有行业29个，商店86家。其中，百年以上的老店计有20余家，包括同治十一年（1872年）开办的太和堂药店、清末开设的瑞丰烟作店、1912年创办的乾亨食盐专卖店以及民众茶社等（表5-2）。

表 5-2　礼社百年老店一览表

序号	店号	创办时间	创办人	经营情况
1	薛氏当铺	1790 年前后	薛从云	典当
2	太和堂	清同治十一年（1872 年）	李寿朴父	国药、新药、代客煎药
3	协泰	清光绪年间	薛裕发	鲜肉店、派生"协泰槽坊"酿酒
4	瑞丰	清末	薛暮桥父	黄烟专卖
5	丰泰顺	1895 年	薛谦培	收茧烘茧、派生"大成制种场"
6	协吉诊所	清末	陈协洁	中医名家
7	万春堂	清末	薛楠昌	口腔专科
8	阿纪鱼行	清末	薛阿纪	地摊鱼行，代销本地鱼虾及海鲜
9	乾亨	1912 年	薛锦明	食盐专卖，兼营南北货
10	民众茶社	1912 年	史瑞泉	楼下茶馆、楼上书场
11	伯芳医室	民初	陈伯芳	祖传疗科
12	荣记山地货	1920 年	薛荣根	山地货
13	聚兴铁铺	1920 年	陈锡钊	锻造农具，锤制铁钉及铁制用品
14	源丰顺	1920 年	唐锡华	木行
15	阿太米行	1920 年	薛阿太	粮食买卖
16	福记饲料店	1920 年	薛福纪	销售豆饼、黑豆、大麦、麸皮等
17	浩金日用店	1920 年	薛浩金	食盐、双套黄酒专卖，兼营日用杂货
18	戚记大饼店	1920 年	戚逢义	大饼糕点、特色小吃
19	史记豆腐店	1920 年	史幼庭	豆腐百叶

资料来源：张建清：《江南古镇礼社》，苏州：古吴轩出版社，2008 年，第 135 页

现今仍保留的九十九间半、薛氏义庄、水龙宫、永善堂、薛佛影故居、蚕茧所等历史建筑即是礼社作为商业集散地的见证（图 5-6）。

九十九间半，位于西街薛家浜北岸，砖木结构，由薛氏十七世薛谦培建造。薛谦培官至直隶州州判，世授文林郎。他有一定的建筑营造知识，见多识广，故以"内观分室独立，外观连成一体之布局"设计。该建筑坐北朝南，门前就是旧时礼社与外界往来的主要通道薛家浜。建筑分南北两部分，南侧一进 9 间，北侧一进 12 间。每间六架式，中间一间宽 9 尺为正门，自南往北连成长廊，长廊两边房舍

图 5-6 礼社街景（刘馨秋摄）

毗连对称，前后共 9 进。有天井、小花园、晒场。建筑整齐划一、气势恢宏、朴实无华。主要功能是供薛氏家族堆放粮食之用。

薛氏义庄，坐落于薛家浜南岸，创立于清乾隆五十年（1785 年）。义庄临河而建，门前的河岸上东有 3 米宽的石驳码头，西有 1.5 米宽靠驳岸延伸的小码头。河岸由长条金山石覆面，至义庄大门有 6 米宽距离，路面以青砖侧驳而成。义庄坐南朝北，五开间一备弄，至中部又有三开间三进向西扩展。占地面积 2 671 平方米，建筑面积 1 152 平方米，南北进深超过 100 米。

永善堂，建于清道光己亥年（1839 年），坐落在西街中段，坐南朝北，系薛愚泉等捐田亩、集资财抽检的慈善机构。面阔 3 间，四进二披屋，三院一甬道格局，占地面积 916.56 平方米，建筑面积 535.26 平方米。

薛暮桥故居，位于薛家浜南岸，建于 1884 年，坐南朝北，3 间四进一备弄，占地面积 405 平方米。第一进、第二进是砖木结构平房，两进房屋都是中间一间面阔，两边较狭，靠西有备弄想通。第三进为楼房，与第二进之间有天井，楼房上为卧室，楼下为起坐间。第四进为厨房和柴间屋，在三四进之间有侧厢。整装房屋具有一进高过一进的特点，俗称"后高"。

孙冶方故居（图5-7）是以孙冶方在礼社古街的世居旧屋修复扩建而成，并作为孙冶方故居纪念馆对外开放。该纪念馆建于晚清时期，坐北朝南，原有数条建筑轴线，今仅存主轴，轴上自前至后分列五进建筑和一些辅助房，每进建筑间皆有院子或天井分隔。此建筑粉墙皂顶，内设廊院假山，总面积超过500平方米，以图片、实物、雕塑等形式，展示了孙冶方从大革命时期到改革开放年代始终不渝追求真理的灿烂人生。

图5-7 孙冶方故居（刘馨秋摄）

（三）江南民间舞龙之乡

礼社拥有丰富的非物质文化遗产资源，包括龙舞、马灯、山歌、庙会等。其中，礼社龙舞以其悠久的历史，多样的造型以及丰富的表演方式而成为当地民间一项广泛的娱乐活动。如今，礼社龙舞已形成50多个套路和十几个新颖的艺术造型，礼舍古村也因此被誉为江苏民间舞龙之乡。

早在清咸丰年间，礼社后巷就出现了青黄双龙的表演形式，距今已有近150年的历史，民间俗称"一条龙"。中华人民共和国成立初期，桥西有一条白龙，刘家宕有一条"女龙"，即女子龙灯队。20世纪80年代末，几个自然村的年轻妇女组成一条青龙；90年代初，礼社小学的孩子舞起了青黄两条小龙。1994年，江苏省十三届运动会开幕式上，一百余名礼社龙灯队的舞者以九条龙灯表演"九龙腾飞"。[①] 2014年，玉祁街道投入300多万元对九龙宫进行了重新修缮。修缮后的九龙宫面积达1 000多平方米，主要功能为龙舞的排练、陈列展示和保护传承。九龙宫是队员排练、传承、陈列展示以及存放龙舞道具、打击乐器的地方。几十年来九龙宫为礼社铺路、驳石驳岸、添置台凳等投入资金十几万元，得到了百姓和礼社村委的一致好评。九龙宫至今已经为玉祁龙舞培养了一大批传承人，在省市乃至全国都具有一定的影响力（图5-8）。

图5-8 礼社九龙宫（刘馨秋摄）

---

① 张建清：《江南古镇礼社》，苏州：古吴轩出版社，2008年，第188-192页；刘媛，陆阳：《塞北、江南古村落对比研究》，北京：中国文史出版社，2013年，第182-183页。

（四）保护工作与面临问题[①]

礼社规划研究范围约 3.14 平方公里，保护范围东到东风彩印厂，西到原礼社小学以西水潭，南到前巷，北到礼社路，面积约 11.18 公顷。保护范围内有一条老街，两处省级文物保护单位（孙冶方故居、薛暮桥故居），多处历史传统建筑（薛氏永善堂、薛佛影故居、秦古柳故居、薛氏九十九间半、薛家大院、薛氏义庄、水龙宫、九龙宫等）。

自 2007 年开始，相继投入人民币 6 000 余万元，对历史传统建筑、古街等进行修缮，具体实施情况如下。

孙冶方故居：2007 年，玉祁街道对孙冶方故居进行修缮，恢复故居原有面貌。总投入 1 200 万元，总建筑面积 2 260 平方米。以图片、实物、雕塑等形式，展示了孙冶方从大革命时期到改革开放年代始终不渝追求真理的灿烂人生。2006 年孙冶方故居被列为省级文物保护单位，2014 年被评为江苏统计教育基地。

薛暮桥故居：薛暮桥故居原有主体建筑为三间四进砖木结构，第三进为楼房。该建筑占地面积 405 平方米。2009 年，玉祁街道对薛暮桥故居第一进、第二进进行修缮，恢复前二进原貌。2013 年，玉祁街道对薛暮桥故居内的布展进行修缮。投入资金约 620 万元。2006 年薛暮桥故居被列为省级文物保护单位，2014 年被评为江苏统计教育基地。

礼社老街：现存礼社老街建于清代，全长 250 余米，宽 3 米，街面用 12 行青砖侧驳拼成 6 行"人"字形，街道中段稍弯，人称龙形街或元宝街。2011—2013 年，玉祁街道对老街路面、古戏台、老街沿街店面等进行保护性修缮。投入资金约为 1 500 万元。据相关负责人介绍，老街修复工作量巨大，实施难度大。例如，20 世纪 80 年代，老街上的很多住户都在老房子的原址上盖了现代化的楼房，所以在修缮老街的过程中拆除了一大批新建的楼房，然后再复建平房，对于原住户按照相关的拆迁安置政策，为了对村民进行补偿，复建的房屋产权仍然属于村民个人，再配套一些安居房弥补其房屋面积的损失。

---

① 资料由玉祁街道办事处、礼社村提供。

九龙宫：原是民间为纪念九龙表演而集资修建的，2013年重建，2014年年底全部竣工。投入资金约350万人民币。重建后的九龙宫占地面积1 000多平方米，具有龙文化展览、龙制作场、荣誉室、培训、排练、表演等功能。

礼社牌楼：拆除原有的铁质标牌，2014年重新树立了地标性建筑牌楼，牌楼高9.7米、宽15米，总投资为180万元。

除了对传统建筑和古街进行了修复，礼社村还完成了沿街道路铺设、三线入地、雨污分流、房屋修缮等工作，同时对未来的保护工作进行了详细规划。具体包括：

（1）义庄修复

规划范围：位于老街西，薛家浜南，东西宽30米，南北进深120米，占地面积2 478.59平方米，建筑面积1 600.31平方米，计划总投资600万元。

现状情况：房屋经过多次翻修，但不失初建原貌，已用于企业用房、学校教育、老年人活动、健身休闲场所等。

修复思路：薛氏义庄建于清乾隆五十年（1785年），距今200余年，主要用于开仓济贫、贴补学费、资助孤儿寡母等，有较高的历史价值。修建后将重新恢复清代建筑风貌，并倡导扶贫帮困、济教助学等优良传统，促进慈善事业常态化。

（2）九十九间半修复

规划范围：位于老街西，薛家浜浜口，东西宽约50米，南北长110米，占地约8亩，计划总投资858万元。

现状情况：尽管历史较久，但九十九间半仍保留了内外分室独立、外观连成一片的旧貌，楼阁、长廊、天井等保存完好，气势恢宏，朴实无华。目前已成为12家企业的工业用房。

修复思路：依靠区政府和粮食局支持，统筹协调，明晰产权，对12家企业进行妥善安置。修复九十九间半，包括墙面、屋面、门面、门窗、梁柱和屋脊等维修，恢复古建筑的历史风貌。

（3）永善堂修复

永善堂建于清道光己亥年（1839年），与义庄一样是慈善机构。义庄救济对象限于薛氏子孙，永善堂则兼济异姓困苦者。永善堂面阔三间，四进两披屋，三院一甬道格局。占地面积 916.56 平方米，建筑面积 535.26 平方米。内设前厅、后厅、楼层、仓廪、施棺屋等。

（4）秦家大院修复

秦家大院是著名国画家秦古柳的故居，坐落在西街偏东段，坐南朝北，三间八进。秦家祖上为二品官员，门前有 3 个菱形旗杆坑。第三进、第四进有对应转盘楼的楼房，第六进为少见的方砖堂楼，第七进为下人住宿处，第八进堆放杂物、柴草。

（5）水龙宫修复

水龙宫始建于清光绪三十三年（1907 年），是 3 间置放救火设备的平屋。1916 年，薛子安等商议在平屋前的空地上建一座中西合璧的洋楼，随即鸠工庀材，克日兴建，来年告竣。大楼面阔 3 间，进深 12 米，方楞楼板，雕花栏杆，门框及窗户均为欧式穹顶造型。乡人薛震祥父子捐赠了一台震旦灭火机厂生产的新式汽油机水龙一台，扩充了较为完备的消防设施。

在保护工作的实施过程中，礼社村总结了两大问题。

第一，保护措施不够有力，保护体制和主体不明确。村内历史建筑大多属于私人产权，产权人自身对历史文化资源缺乏认识，缺乏保护的动力，而职责部门又无绝对话语权，导致维修保护难以为继。此外，存在多头管理的情况，导致权责不清，保护工作实施不畅。

第二，保护经费缺乏。村内的历史传统建筑建造年代较早，且大多为砖木结构，普遍存在不同程度地房屋损坏、墙面裂缝、虫蛀腐烂等情况，还有私自搭建、乱搭电线等严重违建行为，危及历史建筑与居民安全，需要定期保养和修缮保护。然而，修缮历史建筑成本较大，街道资金有限，只能抢救性地对一些重要建筑采取必要措施，而对于其他大量有保护价值的历史建筑则无法顾及。而且修缮后的建筑在使用范围、方式等方面受到诸多限制，导致目前社会投资保护修缮历史建筑的积极性不高。

二、严家桥——无锡民族工商业发祥地

(一) 历史沿革

严家桥[①]位于无锡锡山区羊尖镇北部,地处无锡、江阴、常熟交界,总面积8.3平方公里,人口5 912人。其形成约在元末明初,是一座有着700多年历史的传统村落(图5-9)。严家桥崛起于近200年间,尤其伴随着唐氏等家族的发家历程而至鼎盛。元末明初,严氏、顾氏、汤氏、周氏相继迁入严家桥,明末清初程氏由安徽来此定居,因此当地有句代代相传的老话:"严、顾、汤、周带一程",就是指最早定居严家桥的几个姓氏。此后,外来姓氏越来越多,严家桥逐渐形成了由

图5-9 严家桥(刘馨秋摄)

---

① 无锡严家桥史话编委会:《小镇春秋——无锡严家桥史话》,北京:方志出版社,2004年;无锡市锡山区羊尖镇人民政府、羊尖镇严家桥古村保护开发办公室:《严家桥》,宣传资料。

众多移民组成的多元氏族群体。

严家桥水网密布，内由永兴河与严家河，上、中、下岔河，陆家泾、汤家湾等河汊交织联结，外通苏州、上海。正如严家桥桥联所描绘："地脉溯澄江，万派源来由蠡涧；水流趋沪渎，一帆风送过鹅湖。"

严家河是一条东西向的上浜河，因其阻隔东西两岸，造成交通不便，因此，从东后村迁居于此的严姓大户严河永就在

图5-10　严家桥（刘馨秋摄）

严家河上建造一座木桥以供通行，后人以严氏为桥名，"严家桥"由此而得名（图5-10）。清康熙年间，程氏族人渐渐在严家桥发迹，为贸易与物流方便，将木桥改造为石桥，还一度想把桥名改为"程家桥"，后遭严氏族人强烈反对而作罢，严家桥一名遂沿用至今。

明清以来，商品经济大规模发展，以商业机能为标准的市镇兴起，江南地区商品市场发展更为迅速，形成了各市镇平均距离约10多里路的水乡市场网络体系[①]。严家桥枕河而建，凭借完善的水网优势迅速发展成为集河、桥、街、宅、店、铺、码头为一体的著名商业市镇，拥有丰富的商贸遗存和浓厚的知识文化氛围。集中表现在"三地一村四码头"：即严家桥是以唐氏家族为代表的中国民族工商业发

---

① 张海英：《明清时期江南地区商品市场功能与社会效果分析》，《学术界》1990年第3期。

祥地、锡剧发源地、无锡早期革命根据地、著名的"教授村"，20世纪二三十年代无锡著名的"米码头""布码头""医码头"和"书（评弹）码头"。据不完全统计，20世纪三四十年代，严家桥街道上的各类工商业大小店铺达195家，另有摊贩27家，经营航运业的大小航船、小快船10家，私人开业诊所和医生26家，此外还有搬运业和工场作坊6家。同一时期营业的店铺摊位多达200余家，严家桥俨然成为无锡东部重要的商贸中心，也是涵盖无锡、江阴、常熟三县边界地区几百平方公里的经济中心，享有"小无锡"盛名。

永兴河（图5-11）贯村而过，把严家桥分成东西两区。东区有路与河平行走向，形成南街、中市和北街；东街至双板桥处与南街、中市形成一个交汇空间，是古村的商业中心；庙前街和西街通过桥的过渡空间与南街和北街相连，构成古村的主路。严家桥街宽约3米，路面用弹石铺筑。南街、北街、中市、东街店铺林立，云集了粮店、布店、南货店、京货店、银匠店、药材店、文具百货、茶馆酒肆等商业建筑。西街曲折多变，以居住为主。水街旱街现存成片的

图5-11　百米长廊与永兴河（刘馨秋摄）

江南传统民居形成江南水乡传统的水陆并行、河街相邻的水乡空间格局。

作为无锡市历史文化名城的重要组成部分，严家桥古村落蕴含着丰富的历史、科学和艺术价值，直接表达着吴地文化、水乡文化的个性特征和自然的生态风貌。2009年，严家桥被江苏省政府批准为第四批省级历史文化名村，2015年获评第二批中国传统村落。

（二）民族工商业先驱

1. 唐氏家族

清咸丰十年（1860年），唐氏先祖唐懋勋（景溪公）为躲避太平军战火，带着妻儿老小由无锡迁居严家桥。他善于经商，道光年间曾在无锡东门及北塘开设"恒升布庄"（后改名为"唐时长布庄"）经营土布生意，专销六合、浦口、松江等地，位列当时无锡四大布庄（唐时长、李茂记、张信盛、胡孟英）之一。他迁居严家桥后，在集市中心双板桥堍开设了"春源布庄"（图5-12），仅仅数年时间便名闻大江南北，生意扩展至苏北、安徽等地，这也成为唐氏在严家桥发展的第一步。

图5-12　春源布庄（刘馨秋摄）

随着资本的不断积聚，唐懋勋在严家桥西南广阔地带置地6 000余亩，并开设了德仁兴茧行、同济栈房、同兴木行、同济典当等企业，建造了唐氏宅院、唐氏仓厅、唐家码头，成为无锡东乡首富，是中国民族工商业的先驱之一。唐氏仓厅作为无锡地区最大的私人粮仓之一享誉江南。多种多样的经营活动使唐氏集地租、利息、商业利润于一身，一方面加快了唐家财富的积聚，为后来更大的发展准备了条件，另一方面，也大大促进了严家桥地方经济的发展和市场的繁荣。唐氏家族在严家桥的事业成功后，还热心严家桥的公益事业。在贯穿严家桥不到半公里的永兴河上，建有4座桥，其中3座（万善桥、梓良桥、永兴桥）由唐家参与捐资建造。唐家曾有一约定"凡严家桥镇上的公益事业，不论大小，唐姓负担一半"。

从20世纪初到三四十年代，唐氏后代纷纷走出严家桥，开拓更大的工商业空间。唐滋镇（保谦）、唐炳源（星海）父子和唐英年的曾祖父唐殿镇（骧庭）、祖父唐增源（君远）在上海、无锡兴办起一个又一个唐氏工商企业，像无锡的杨万和布庄、九大布行、九余绸布庄等以及著名的庆丰纱厂、协新毛织厂、丽新纺织印染厂、九丰面粉厂等，早期都是由唐氏家族创办或合资兴办的。①

唐保谦（1866—1936年），无锡早期著名实业家。他最初与9个朋友合办了九丰面粉厂（1910年），完成了从旧商人转化为实业家的重要转折。1920年又与薛南溟等人合股，在无锡周山浜开办了庆丰纺织厂。1922年，唐保谦之子，美国麻省理工学院纺织企业管理硕士唐星海回国负责此厂，庆丰成为无锡纱厂的后起之秀。至抗战前夕，唐氏集团资产在无锡6大资本集团中占20%。

唐骧庭（1878—1960年），名殿镇，是我国最早的纺织企业家之一。光绪二十五年（1899年）继承父业，经营土布庄和夏布皮货行。后又在无锡北大街开设九余绸布庄。他处事严谨，管理细密，几年以后，九余绸布庄获利甚多。民国五年（1916年），与股东程敬堂等集资接盘冠华手工织布厂，将其扩建为丽华机器织布厂，并利用经营绸布庄经验，生产适销产品。民国八年（1919年）又在无锡映山河增设丽华第二布厂。民国十一年（1922年），又与程敬堂等人集资，在惠商桥

---

① 《名扬海内外——唐氏家族》，无锡市归国华侨联合会网站，2017-01-14，http://ql.wuxi.gov.cn/doc/2017/04/14/1304937.shtml。

西建立丽新机器染织股份有限公司，开设丽新染织厂。丽新厂成为无锡染织业资本最雄厚、设备最完备的企业。他自任经理，以高薪聘请专业人员，重视培训技术员，改工头制为工程师制，实行严格的科学管理。以后丽新不断增添设备、扩大规模，于民国二十二年（1933年）建成丽新纺织漂染整理公司，拥有纱锭1.6万枚、线锭6 400枚、布机650台，年出纱4 000件，出布20万匹，所产"双鲤"牌布匹销遍全国，远及欧美。至抗日战争前夕，丽新已发展成为纺、织、印染和具有自发电能力的全能工厂。民国二十四年（1935年），又集资创办无锡第一家具有毛纺、织、染整套设备的协新毛纺织染厂。他致力于提高产品质量，从澳大利亚进口上等羊毛，生产上道道把关，所产"万宝齐来""不蛀呢"等毛纺织品名闻国内外。日军侵占无锡后，丽华、协新等厂被日军烧毁或占据。唐骧庭避居上海，以剩余资金并通过招股，集资50万元，在上海开设昌兴纺织印染整理公司，分设纺、织、印染3个工厂。抗战胜利后任上海丽新总公司经理，并立即筹集资金，抽调技术人员恢复在无锡的纺织企业。

唐星海（1898—1971年），名炳源，唐保谦之子，著名实业家和纺织管理专家。1919年毕业于北京清华学校，后入美国麻省理工学院攻读纺织专业，1923年毕业，获纺织、纺织企业管理硕士学位；同年10月学成回国，任无锡庆丰纺织厂副总管兼纺织部工程师。他对庆丰厂进行体制改革和技术改造，自任厂长。1930年9月起创办庆丰纺织养成所，培养了一批纺织、印染等专业人才。1936年12月，其接替其父任庆丰纺织公司总经理。在此前后曾去英、德两国考察，引进先进设备，扩建庆丰第二工场，增辟漂染车间，所产"双鱼吉庆"牌纱成为无锡地区标准纱，远销东南亚。无锡沦陷后，庆丰厂被日商侵占。1939年4月，他在上海租界创办保丰纺织厂，之后又在常熟、太仓农村建立小型纱厂。1943年11月，唐星海收回无锡庆丰厂后，借用保丰厂经济实力使庆丰厂逐步恢复发展，在此期间，曾投资马迪汽车公司、通惠冷气公司，与人合办公永纱厂，与建安实业公司合作开办庆源、大华、利达花纱布庄、保丰堆栈、北新隆农场及无锡永新化工厂、昆山永润油厂等企业。1948年年底，抽调庆丰厂部分资金和设备到香港九龙荃湾，集资创办南海纱厂。

唐君远（1901—1992年），名增源，唐骧庭次子，爱国民族工商业者。毕业于东吴大学化学系。民国十年（1921年）进入他父亲创办的无锡丽新纺织印染厂，先后任车间主任、工务主任、厂长等职，以善于经营管理而著称。该厂生产的印花布，压倒当时在国内竞销的日本货，被《朝日新闻》称为日本棉布在"中国的劲敌"。民国二十三年（1934年），唐君远参与创办无锡协新毛纺织染整厂，民国二十四年（1935年）正式开工，唐任经理。在经营上采取不生产与日本货相同的市场大路货，而仿制英国的啥味呢、马裤呢、花呢等产品，价格低于英国货，在市场上颇受欢迎，曾由上海棋盘街呢绒商联合组织联益公司向该厂包销。民国二十六年（1937年），日本全面侵华战争爆发后，无锡沦陷，翌年春，大日本纺织公司董事长通过日军司令部胁迫他将丽新厂与日方"合作"，被拒绝。为此，日军将他关进木笼子折磨了两周，但他仍然表示"宁为玉碎，不为瓦全"。致使厂中机器遭日军毁坏，700多台电动机被抢走。是年，他避难来沪利用租界特殊环境，建立上海协新毛纺织厂和昌兴织布、印染、棉纺等厂（中华人民共和国成立后均改称丽新），继续生产与无锡厂同类的产品。民国三十五年（1946年），他引进瑞士巴塞尔嘉基颜料厂专利产品"灭蠹"不蛀粉剂，在锡、沪两地生产不蛀花呢，销往国内各大商店和南洋、印度。中华人民共和国成立初期，唐君远任上海毛纺织工业同业公会主任委员，积极参与上海工商界为恢复生产、发展经济所开展的各项爱国运动，主动认购人民胜利折实公债39万份，并在抗美援朝时捐献了4架飞机。1954年和1955年，无锡和上海丽新、协新各厂先后公私合营。合营后，唐君远先后任公私合营丽新纺织印染整理股份有限公司董事长和上海毛麻纺织工业公司经理。1959年起，他主动放弃全部定息。唐君远积极为社会主义经济建设和改革开放献计献策，他与工商界同仁一起倡议筹资建立上海市工商界爱国建设公司。1979年，他参加上海工商界代表团赴港访问，对其长子唐翔千说："你要带头回来投资，办点企业，引进点先进设备，为国家做点事情，如果亏了本，就算是孝敬我的好了。"在他的鼓励下，唐翔千在深圳促成了特区第一批补偿贸易；在新疆建成了国内第一家合资经营的天山毛纺织厂；在上海办成的第一家沪港合资企业——上海联合毛纺织有限公司，成为全国"十佳"企业，引起港澳工商界的积极反响。

唐翔千（1923—2018年），祖父唐骧庭，父亲唐君远，香港著名纺织专家、实业家。1945年毕业于上海大同大学。1948年获美国伊利诺州立大学经济学硕士学位。1950年，唐翔千回到中国香港，先在中国实业银行任见习主任，3年后创办中南纺织厂，1969年成立南联实业公司，成为香港最大的纺织集团。曾任香港贸易发展局理事，香港工业发展委员会委员。1974年后，他任香港棉纺同业公会主席。1980年任香港工业总会会长。1985年后任香港总商会副主席，香港南联实业有限公司常务董事，中南纺织有限公司董事长，香港半岛针织有限公司董事长、亚非集团公司董事长。内地改革开放后，他先后在深圳做成特区第一批补偿贸易，在新疆建成第一家合资经营的新疆天山毛纺织公司并任总经理，在上海创办第一家沪港合资的上海联合毛纺织有限公司、上海联合纺织集团并任副董事长、总经理，在广东创建联发毛纺公司并任副董事长、总经理，合计创办了6家合资毛纺织企业。1988年，唐翔千当选为第七届全国政协常委。香港回归后，他任中华人民共和国香港特别行政区基本法咨询委员会执行委员会委员。他还是香港中文大学校董、新亚书院副董事长、第六届全国政协委员、第七至九届全国政协常委。

唐英年，1952年出生于香港，祖父唐君远。唐英年在美国密歇根大学取得心理学学士学位、耶鲁大学硕士学位。1976年，他返回香港帮助父亲唐翔千打理家族生意，现任半岛针织厂有限公司主席和美维科技集团主席。唐英年任立法局议员多年，在1995—2001年出任香港工业总会主席，2000年，获颁香港特别行政区金紫荆星章。2002年7月至2003年8月，任香港工商科技局局长，参与内地与港澳《关于建立更深紧密经贸关系的安排》（CEPA）洽谈和执行签订。2003年8月，任香港财政司长。2007年6月，任香港政务司司长。

现今唐氏家族的后代已遍布海内外，有许多人成了名闻海外的著名实业家。以唐氏家为代表的近代民族工商业大家族不断发展，严家桥也因此成为无锡民族工商业的发祥地。

唐氏家族作为严家桥民族工商业的先驱者，为当地留下了很多珍贵的民族工商业遗迹。从永兴河向南延伸的唐家码头分为两组，长约百米，其上筑凉棚长廊。紧靠码头的是一组集商贸与居住功能于一体的唐氏仓厅，面河朝东，门面九开间。第一进为柜台、账房及仓库，是营业部分；第二进为唐德忠堂大厅三间，两边建厢房，是接待贵客和议事的地方；第三进为内眷住所，楼房七开间上下，两侧设陪弄，可通后院的厨房和仓储等生活设施，西出院门即与唐氏产业同济栈房相连。唐宅南北两侧为安全需要，曾挖河储水，形成护庄河，有桥与外界联系。仓厅前面朝市河还建有两座大码头。唐宅三面环河，交通便利，功能布局合理，反映唐氏家族先进的实业思想，是严家桥民宅与码头、商贸、仓储等有机结合的建筑范例。唐宅码头往南延伸，还有同济栈房、德仁兴茧行、公裕木行，直达梓良桥为止。这些与唐氏业绩相关的古迹旧址展示着中国民族工商业早期形成阶段的发展历程，具有历史价值和研究意义。

2. 程氏家族[①]

程氏先祖程信吾在明末清初迁居严家桥，以种田为生，后代开始经商，主要贩卖食盐和木材。至乾隆年间，程氏家业已颇具规模，建造了8个有墙门、大厅的大宅院，从桥堍向西，北边有位思堂、老典当、承裕堂、程根泉老宅4座；南边有爱敬堂（石库门）、程炳元老宅、仁厚堂（程颂尧老宅）、景馀堂（程柏涛老宅）4座。嘉庆年间，程氏在东街梢建造程氏宗祠，五开间二厢二进，大厅供奉祖宗神位，东厢房作为族人议事场所。

从清代至民国，程氏在经营食盐、木材生意的同时，也在不断扩大产业。程子章在东街开设砻坊、磨坊、丝庄（与唐氏合伙）和板材木料行；程赓调在马墅经营茧行，与他人合股经营隆茂窑厂（南窑），还办有砻坊和惠生米厂；程柏涛、程云路、程绶卿分别经营了久昌祥、瑞新、瑞华三爿绸布京货店；程含芬和3个儿子鹏英、鹏雄、鹏豪分别在南街、北街、东街开店，几乎包揽了严家桥的百货业；程升安、程载唐经营鲜肉店；程元熙在中市经营"牲泰裕"南货店，程颂亚在南街经营"同复泰"南货店，程俊良在东三家村经营南货纸马店，程林官在南街梢开设米店；程云轩在中市经营点心店；程一圭经营家庭工业社，制造出售肥皂、洋蜡烛，后又开设银星照相馆，还与人合资开办程德兴粮行；程德龙在南街开设德龙茶馆；程鉴堂在永兴桥堍开设昭文楼茶馆；程根泉在西街家里办了小作坊，每天早上在中市设摊卖粉皮、线粉；程雪门在庙前花厅办书场，在中市摆书摊。

除了经营商贸以外，程氏还积极开拓实业，发展经济。民国年间，程颂亚为

[①] 无锡严家桥史话编委会：《小镇春秋：无锡严家桥史话》，北京：方志出版社，2004年，第139-142页。

严家桥引入电力,推动电灌、电力碾米、磨粉等。程瑜积极推动蚕种改良,发起创办翼农蚕种制造场,商标"飞机牌",于1928年春正式开始育蚕制种,1932年以后制种量达6万张。程鉴若发展西林果园,从浙江奉化引进水蜜桃良种,培育玉露水蜜桃品种白凤,远销上海十六铺,促进了严家桥及周边地区水蜜桃产业发展。程氏的务实精神使他们在严家桥立足繁衍,同时也为严家桥的繁荣发展做出了贡献。

3. 李氏家族[①]

明末清初,李氏先祖李灿然为躲避战乱,从安徽祁门迁入严家桥,后逐渐发展成为严家桥继程氏之后的第二大族。19世纪后期,李氏人口迅速增加,南北五房共约20户。与此同时,李氏产业也获得蓬勃发展。南五房的李惠卿万象春药店、李大昌茶馆店、李依仁父亲的估衣店、李恒盛酒店、李怀屏盐庄、李合茂菜行、鱼虾行、李麟经酒店及同畅园等几乎占据了中市一条街和东街、北街的各半条街。北五房在东街开设李泰峰南货店,同时还经营田产、茧行、冶坊、戏院、书场、栈房等。李氏家族经济实力雄厚,为严家桥的经济繁荣做出了重要贡献。

(三) 锡剧的摇篮

锡剧是江苏主要剧种之一,迄今已有200余年的历史,被誉为"江南一枝梅"。锡剧初名滩簧,由吴歌小调演变成为滩簧,最早就发源于严家桥一带农村。明清时期,白羊尖到严家桥一带民间盛行恒昌自娱自乐的山歌、小调,先是独唱、坐唱,后发展成对口唱、多口唱。因羊尖、严家桥地处无锡东乡,故称东乡小调。清道光同治年间,东乡小调把原有的曲调、吴歌的内容和采茶的表演形式结合起来,成为"滩簧戏"。滩簧历经了对子戏、小同场、大同场等几个发展阶段,形成了今天的锡剧。严家桥作为滩簧的创始地,也因此被誉为锡剧的摇篮。

严家桥至今仍保留着锡剧史上的几个"第一":严家桥滩簧女艺人青宝姑娘,是锡剧第一位女演员;严家桥的落第秀才严廷初,是锡剧史上第一个剧作家;出生在严家桥巷门头舍上的袁仁仪,是把锡剧带进上海的第一人,他在上海联合演

---

① 无锡严家桥史话编委会:《小镇春秋:无锡严家桥史话》,北京:方志出版社,2004年,第145-147页。

艺界同仁，把滩簧定名为"常锡文戏"，并对锡剧舞台艺术进行了一系列创新和完善，确立了锡剧在中国地方戏种的地位。羊尖镇也因此被江苏省文化厅授予"锡剧之乡"的称号。2012年，严家桥锡剧纪念馆布馆工作顺利完成，用于介绍和展示严家桥的戏剧历史，让锡剧在严家桥流传下去，将锡剧打造成严家桥的一张"人文名片"。

（四）建设与保护

目前，严家桥还保留有明清时期厅堂和民居民宅等建筑遗迹，老街区、老桥河岸码头、居民宅院也有相当部分还保留着明清时期的原貌。近年来，严家桥已投入2 000多万元实施整体保护性开发工程。开发规划总体目标为：保护地方的优秀历史文化遗产、保护独具特色的民国年代江南繁华的商埠风情、保护严家桥以近代民族工商业发源地、锡剧起源和锡东文化聚集地、革命纪念地为基础，米、布、医、书4码头为代表的传统历史内涵，兼顾旅游和社区发展形成历史文化名村的特色面貌。

按照规划，2006年已完成梓良桥、唐氏仓厅（局部）、百米长廊、部分河段石驳岸等建设。2007年，实施了村口切入点牌楼和村口广场工程、唐氏工商业陈列室、唐氏百米长廊第二期延伸工程、唐氏典当行部分修复工程、梓良桥南河道石驳岸工程、春源布庄修缮工作、市镇菜市场移址工程、回迁安居房建设等二期工程。相关房屋的拆迁工作也基本完成。永兴河沿河部分建筑物已经进行立面改造，南街沿河段部分残缺建筑物正得到补建。[①]2009年3月，由上海唐君远教育基金会、唐骥千先生捐赠的唐星海、唐君远铜像抵达陈列馆，唐氏工商业陈列馆顺利开馆。2010年，完成了唐氏花厅移建工程。2012年锡剧纪念馆布馆工作顺利完成，2013年小剧场建设完工。

随着保护性开发的不断深入，严家桥还将对范围内的保留村庄进行全面综合整治，在村庄南侧规划农民新居安置区，并对村庄道路进行改造和完善，拓宽主干线

---

① 陈平：《严家桥古镇深度开发的策略与思考》，《江南论坛》2008年第3期，第53—55页。

羊港路。同时，进一步完善给水、供电、燃气、电信、污水管网等基础设施，完善农村社区服务中心建设，增设文化娱乐、村民书场、卫生康复、农家书屋等特色服务，最终建设成兼具江南特色和现代气息的中国传统村落。

三、焦溪——明清商贸集镇典型代表

（一）历史沿革

焦溪[①]隶属常州市武进区郑陆镇，地处常州、无锡、江阴三市交界处，西距常州市中心约20公里，东北距江阴市区15公里。焦溪历史风貌格局完整，是明清商贸集镇的典型代表（图5-13，图5-14）。2014年，入选第六批中国历史文化名村和第三批中国传统村落。

唐元和年间，一个隐姓埋名的读书人焦先生隐居于此，因此称此地为"焦村"。唐代知名禅师鸟巢禅师与焦先生是故交挚友，因焦先生用酒糟垫底扣肉宴客与他，鸟巢禅师遂将焦村称为"焦垫"。明朝初年，朱元璋的老师焦丙在此设塾讲学，受人爱戴，于是"焦垫"改称为"焦塾"。至清代中叶，焦溪成为常州东门外的大集镇，且由于"垫""塾"难分，"垫""店"又同音，于是改名为"焦店"。民国时期，焦溪历经两次大火，乡人重开龙溪河，取"以水可焦"之意，更名为"焦溪"，并一直沿用至今。

焦溪的历史据传最早可以追溯到中华民族人文始祖尧舜禹的时代。4 000多年前，虞舜选贤任能，开创了上古时期政通人和的局面。北方大定之后，虞舜南巡来到长江南岸的高山（山名），安营扎寨，开荒造田，盖房掘井。虞舜在此6年间，开掘了一条长约十里的大河，不仅解决了方圆数十里老百姓的水涝之苦，保证了粮食丰收；而且促进了商贾舟楫往来，带来了贸易的便利和市场的兴旺；尤为重要的是，留下了"德为先，重教化"的舜文化精神。后人为了纪念虞舜，将高山称为"舜山"，将虞舜开掘的河称为"舜河"，将舜河上的桥叫"舜迹桥"。唐朝以前，这

---

① 焦溪村内容参考：郑陆镇人民政府：《焦溪》宣传材料；常州市规划设计院：《常州市郑陆镇焦溪村传统村落保护发展规划》，2015年；冯顺正主编：《古镇焦溪》，北京：中国文联出版社，2012年。

图 5-13 焦溪（焦溪村供图）

里便建有"舜祠"，山上有"舜井"，山下有"舜田"。

虞舜之后约 1 600 多年，有一位 76 岁的名贤，追随圣人足迹，来此耕读隐居 17 年，最后终老于斯。他就是季札，史称"延陵季子"。季札是有史可查的常州、武进地区第一人，执掌延陵 40 余年，政绩卓著。季札德才兼备、"三让王位"，是春秋时期著名的政治家、外交家、艺术评论家。季札"徐墓挂剑"成为中国文化史上的"诚信"的符号，传为千古美谈。季札晚年"去之延陵"，来到舜山之麓、舜河之畔过起农耕生活。季札谦让诚信、淡泊名利、高风亮节，对传承"德为先，重教化"的舜文化具有十分重要的作用。

焦溪依山傍水，周边舜山、凤凰山等山脉绵延不断，舜河、北塘河、三山港、

图5-14 焦溪全景（焦溪村供图）

漕河、黄昌河等水系纵横交织，龙溪河穿村而过（图5-15，图5-16）。独特的自然地理条件使焦溪形成桥多、街多、弄堂多的特色布局，有"四河、九桥、六街、十八弄、十一道圈门"。凭借特殊的地理位置和环境条件，焦溪在唐代即已形成集镇雏形，元末明初时"民居集，瓦室参差，稻秸堆委，连衢比巷"，至清代中叶发展成大集镇。抗战前夕，焦溪商铺林立，有商店200余家，商业达到鼎盛。

焦溪现有的村落格局形成于元末明初，传统特色肌理保存完整，历史特色浓郁。现存街巷、建筑多形成于清代和民国时期，街巷构成内部道路的主体框架，弄堂垂直于街，呈"丁"字形相交，枝状展开分布，与街巷共同构成纵横交错的骨架

图5-15 龙溪河（焦溪村供图）

图 5-16 河道（焦溪村供图）

体系，形成宜人的步行网络。建筑沿街立面形成了传统商业街的典型风貌，是明清以来焦溪传统商贸繁荣发展的历史见证（图 5-17，图 5-18）。

图 5-17 建筑与街巷(焦溪村供图)

图 5-18 街巷(焦溪村供图)

（二）传统商贸与历史遗迹

焦溪镇行业众多，涉及粮食、生猪、蒲包、木材、布庄、典当等30多个行业。其中，大商号多达33家，主要经营食盐、木材、苗猪、蒲包和粮食等（表5-3）。

表5-3 焦溪传统商贸行业

序号	行业	店号	地址
1	典当	济和典当	中街
2	木行	裕泰金	东街
3	猪行	是万顺	西街
4	蒲包	徐协顺	南街
5		是同源	南街
6	糟坊	新仁丰	东街
7		程恒隆	东街
8		孟复泰	南街
9		光兴昌	东街
10	绸布	程德昶	南街
11		程元章	中街
12		同怡顺	东街
13		承义隆	中街
14		徐益昌	东街
15		金乾丰	东街
16	粮食	徐永大	南街
17		恒兴裕	中街
18		协泰丰	中街
19		承裕丰	中街
20		徐万兴	东街
21	南货	天和祥	南街
22		徐元泰	中街
23		大德堂	南街
24	中药	东同福堂	东街
25		西同福堂	中街
26		源益堂	东街

（续表）

序号	行业	店号	地址
27	盐业	蒋同兴	下塘
28		徐万盛	下塘
29	金银首饰	李万兴	中街
30	茶食	朱义丰	南街
31	鱼行	是钧记	—
32		是庚记	南街
33	木器	颜复兴	南下塘

注：资料由焦溪村提供

现存一河（龙溪河）；四桥（三元桥（图5-19）、中市桥（图5-20）、咸安桥、青龙桥）；五街（东街、中街、南街、老新街、北新街）；十三弄（东街的殷家弄、大桥弄，中街的奚家弄、仇家弄，南街的是家弄，西街的强家弄、奚家弄，东下塘的牛马弄、汪家弄、蔡家弄、是家弄等）。河道与陆地通过水码头联结，既是水路运输的转接点和货物集散地，也是人们日常取水的落脚点。焦溪的历史码头

图5-19 三元桥（焦溪村供图）

图 5-20　中市桥（焦溪村供图）

数量众多、形式和用途多样。现存码头共计 19 处，主要留存于龙溪河沿岸，多在街弄相对河岸处设置，并以巷弄名称命名，如是家码头、承家码头等。水码头在焦溪经济社会发展中起到了重要作用（图 5-21）。

图 5-21　码头取水
　　（焦溪村供图）

街巷、河道、水码头、传统建筑与商铺既构成了焦溪的独特风貌，也是明清以来焦溪传统商贸繁荣发展的历史见证。

（三）南地北风的特色建筑遗产

焦溪建筑地方性特征鲜明，建筑材料就地取材，呈现出区别于江南传统建筑风格的"南地北风"特色。众多民居建筑的东西山墙、前后包檐约有一半采用黄石砌成，形成焦溪特有的"黄石半墙"建筑风格（图5-22）。黄石半墙建筑多建于清末民初。大门采用典型的石库门样式，由金山条石砌成。墙体下半部分用附近山上开采的黄石砌就，辅以铁搭和地钉扣住加固。墙面上端有圆形或六角形月洞，具通风、采光、赏月功能。整座房子美轮美奂、大气恢宏，门楣上雕花精美细致，是焦溪古村独有的景致。

图5-22 "黄石半墙"建筑（焦溪村供图）

（四）非物质文化遗产

焦溪非物质文化遗产资源十分丰富，锡剧、常州小热昏、常州宣卷、常州唱春、武进歌谣等均被列为各级非物质文化遗产名录，此外还有滩簧、说书、山歌、马灯、龙灯、高跷、风筝等。除了丰富多彩的民间艺术形式外，焦溪还拥有独特的农业特产资源，如闻名全省的"焦溪二花脸"以及翠冠梨、焦溪葡萄等地方水果。

二花脸猪属太湖猪类型之一，饲养历史悠久。明末清初，长江下游沿江沿海地区已发展成为重要粮食产区，养猪增多。清顺治年间（1644—1661年），当地出现一种体大、骨粗、皮厚、面部皱褶多的大花脸猪。太平天国时期（1851—1864年）又出现一种由小型淮猪演变而来的米猪。其后，米猪与大花脸猪经过杂交，逐渐形成介于两者之间的小花脸猪（又称三花脸猪）。小花脸猪再与大花脸猪回交，渐又形成二花脸猪。随着杂种猪大量出现，杂种之间的杂交和杂种与亲本之间的回交相应增多，又出现具有不同差异的更多类型的猪。这些由当地大花脸猪与淮猪经多种形式杂交和群众长期选育的诸多类型地方猪，清末以前已相继形成。民国时期至20世纪50年代，生长较快、产仔多的二花脸猪逐渐取代了大花脸猪和小花脸猪，发展成为数量最多、影响较大的一个类型。二花脸母猪全身毛稀，皮呈紫酱色或灰白色，头中等大小，额部皱纹多而清晰，嘴筒宽而短，略向上翘，耳大根软，下垂覆盖嘴脸，背宽而微凹，腹大下垂，卧系，乳头8~11对。母猪性成熟早，产仔数多，成活率高。肉质好，肉色鲜红，纤维细嫩，胴体瘦肉率42%。2006年被列入农业部颁布的《国家级畜禽遗传资源保护名录》。由二花脸猪制作发展而来的焦店扣肉，肉质肥而不油，香浓味美，甜而不腻，食之回味无穷，其制作技艺于2013年获批准为常州市非物质文化遗产。

（五）保护现状与困境

焦溪规划范围东至舜河，南至舜河路、舜溪中路、舜溪南路，北至胡家村、焦溪水利站，规划用地面积39.1公顷，其中核心保护范围包括北新街、老新街、中街、东街、南街、南下塘的街区以及东下塘的局部街区，面积10.09公顷。主要包括保护村域及其周边"山—河—田—村"的自然生态格局；保护清代至民国时期的传统建筑风貌景观,通过对文物古迹的保护修缮、古村的保护与整治以及传统风貌的保持与延续等措施,改善古村整体环境;充分挖掘以传统特色商贸文化为背景的多元文化内涵和珍贵历史资源,发挥村落潜在的商贸优势,突出本土特色,彰显古村活力,促进当地商业旅游和经济发展。

近年来,各级政府在保护焦溪古村方面做了不少工作,包括龙溪河整治工作,部分地区雨污分离工程,液化气改造工程等,并在申报文物保护工作方面取得了显著成绩。但同时,焦溪古村的保护还存在着些许问题。

在建设与保护的博弈中,建设性破坏正日渐严重。古村落的保护与建设始终形成尖锐的矛盾,古村落的保护难免会与村民的个人利益及其基本建设要求相冲突,这种冲突的结果是建设性的破坏。随着城市化进程的加快和经济的快速发展,百姓生活水平普遍提高,富裕起来的村民不满足老宅的昏暗、环境的潮湿,老宅的居住条件与现代生活要求的舒适度等矛盾日益突出,很多有特色的古民居被改建、拆建。大量的现代化钢筋水泥住宅建筑,耸立于古村落群体建筑之间,甚至个别弄巷的新建筑形成了对古民居的围合群,陷整个古村落于不洋不土、不伦不类的尴尬境地。以南街、中街为例,金山条石铺成的具有历史风貌的古街道被改为水泥路,更有一些村民因热衷于毁旧造新,即为建造新居而擅自拆改古建筑,将原有的古民居及其周围那种典雅古朴的环境氛围破坏殆尽。

群众古村保护意识淡薄,加快了古村韵味的消逝。焦溪古村内的民居大多为私人财产,之前又未申报列为各级文物保护单位,政府保护管理依据不足,管理起来较为困难。由于年代久远,全为砖木结构,古建筑自然坍塌的比例极高,而古村的居民们对古村本身固有的价值、前景等认识不到位,只看到近期利益,不愿意花钱对自己世代居住的古民居进行维修。一些颇具文化价值的古民居面临着自然损毁和人为拆卖的宿命。现存的位于老新街、南街、中街等古建筑、特色民居正在逐渐消失。从而使焦溪古村的特色文化淡化,加快了古村韵味的消逝。

由于各类原因,焦溪古村整体面貌显得杂乱。很多古建筑、古民居被拆建改建,导致现代化房屋夹杂在古村中、显得布局混乱,破坏了建筑的原有风格,古村的原有风貌。一些居民自建、违建,将建筑材料和垃圾随意堆放在弄堂、码头等特色建筑旁,影响整体环境。古村内基础设施和居住条件都相对落后,不仅影响当地居民的生活质量,而且给古村保护和开发带来产生消极影响。古村区域内及周边环境亟需保护。古村弄巷落里的环境卫生比较差,尤其是下雨天,污水横流,游客路过,有伤大雅。消防安全隐患严重。古村内大部分建筑主要以木构件为主,部分居民的生产生活习惯仍然是烧火做饭,容易酿成火灾,而古建筑普遍缺乏消防安全设施,存在着严重的消防安全隐患(图5-23,图5-24)。

图 5-23 老街危房(焦溪村供图)　　　图 5-24 老街危房(焦溪村供图)

四、余西——江海龙城盐商重镇

(一)历史沿革

余西[①]位于南通市通州区东南部,现隶属通州区二甲镇,距离南通主城区30公里,距通州区10公里。余西古称余庆,始见于五代文献,是一座有1300多年文字记载的历史村落,因其城郭设置形似龙,故又名龙城。余西建村大约始于唐代,兴于北宋,明代以后基于煮海为盐而逐步发展成为繁荣的盐业产运集镇,清代中晚期转变为运盐河沿线的商业集镇(图5-25至图5-27)。

南北朝之前,余西一地为黄海之滨的盐碱沙洲,南北朝中期出水。唐末,海岸线西移,余西出水成陆,为水中沙洲。唐末至五代时期,余西与大陆涨接,属静海

---

① 参考余西历史文化名村保护规划;中共南通市通州区二甲镇委员会,南通市通州区二甲镇人民政府编:《余西古镇》。

图5-25　护城河（余西村供图）

图5-26　百年柏树（余西村供图）

图5-27　百年紫薇树（余西村供图）

制置院管辖。后周设余庆寨，属扬州府通州静海县，与狼山、蔡港、西寨、石港并为"静海五要寨"。宋代，余庆寨陆地面积进一步增大，盐业发展较快，行政地位得到提升，而设置余庆场，与拼茶场、马塘场、丰利场、金沙场同属通州。同时朝廷专门设置余庆盐务分司管理盐场，余庆盐务分司属通州义丰监，余庆场得到了长足的发展，达到"年产盐48.9万余石"。天圣二年（1024年）范仲淹集泰、通等州的兵夫4万，筑捍海堰，历5年堰成，长143里136丈。史称"范公堤"；庆历年间（1041—1048年）通州知州狄遵礼于古横江南筑海堤，西起石港场，经西亭、金沙、至余西场，称"狄公堤"；至和年间（1054—1055年）海门知县沈起，自吕四场至余西筑堤70里延接范公堤，称"沈公堤"。海堤的修建，促进了余庆场农业生产的发展，为棉纺业打下基础。宋咸淳五年（1269年），两淮制置大使李庭芝凿河40里入金沙余庆场，以利盐运，此河为今通吕运河之始。运河的开通为交通和水运提供了便利，也为农田排灌创造了条件，成为余西得以迅速发展的先决条件之一。

元代，随着盐业生产规模的扩大，余庆场一分为三，即余西、余中、余东三场。始有"余西"之名。

明代中叶，余西盐业达到鼎盛，《通州直隶州志》记载"明太祖洪武元年置盐运分司于通州辖盐场十，丰利、马唐、掘港、石港、西亭、金沙、余西、余中、余东、吕四。"明洪武二十五年（1392年），建余西课盐司。明成化十七年（1481年），巡监御史吴哲疏通余西场运盐河，隆庆二年（1568年）开凿连贯吕四、余西、金沙、石港等场的串场河。后又向西向北向东延伸，余西的经济地位进一步提高，盐业生产发展迅速，军事功能凸显，镇西设右营防守讯地。

清代康熙年间，余西成为通州五盐场核心。乾隆元年（1736年），余中场归并余西场，余西地位进一步提高。但随着海岸线逐步向东南偏移，没有足够的可供煮盐的海水与草荡，盐产量逐渐减少，盐场开始有没落之势。咸丰五年（1855年），黄河入海口北徙，沿海岸线出现圮坍，盐亭无法随海岸东迁，整个淮盐地区缺少海水与草荡，盐业进一步衰退，盐民开始放盐从垦。

民国元年（1912年）2月，废两淮盐运使司通州分司及各场盐课使，同时裁掉了余西场，余西的盐业经济逐步衰落。与此同时，余西由原来以盐业为主的市镇逐渐转变为运盐河沿线的商贸集镇，沿运盐河两岸与龙街聚集了各行业商铺，繁华一时。随着南通近代化进程的进行，余西先后建立了余西第一国民小学、游民习艺所、轮船码头等近代设施，村内的油坊等也开始引进机器，向机械化工业转型。

20世纪三四十年代，余西受战祸影响较大，商户外迁，不复之前繁华。1953年，成立余西区。1956年、1957年，原余西与国华、岸南、增谟、桥北、合勤6乡合并为国华乡。1958年10月建成国华人民公社。1965年7月更名为余西人民公社。1983年改为余西乡。1989年，江苏省批准为南通县第二批对外开放重点工业卫星乡镇，享受中央规定的经济开发区的优惠待遇。2000年4月，乡镇行政区划调整，余西乡撤销，并入二甲镇，原建置变为余西居，原余西历史镇区变为余西村。2014年入选第六批中国历史文化名村和第三批中国传统村落（图5-28）。

图5-28 曹秀升故宅（余西村供图）

（二）盐业商贸遗产

余西始为盐场，形成了以盐业为中心的场镇，因盐场管理机构曾设于此而逐渐繁荣。海岸线东移之后，盐场逐渐没落，但余西由于选址优越，由产盐变为盐业中转的交通节点，且具有区域行政中心地位，因此逐渐转化为商业集镇。余西"因盐而生，因水而起"，从出水成陆、煮盐为场、建立场署，到龙街形成、海岸变迁、转型集镇，发展历史脉络清晰完整，这种变迁是中国古代技术生产型场镇向贸易商业集镇的转变历史的一个典型缩影。余西至今仍保留众多珍贵的盐业、商贸遗迹，是南通地区盐业水乡聚落特色的真实载体，是淮吴交融之地民居及商业遗存的集萃之地。

作为盐业发展而形成的水乡村落，余西四面环水，南侧为运盐河，东西南环绕为护城河，原村中东西向有二河（市河），形成一个"8"字形水系，后二河被填，村内现存环绕水系格局完好。历史街巷的空间布局形成了独特的"中轴对称，村河相拥"的"工"字形格局，功能布局则具有盐业历史的特殊印记。以"工"字形主街为骨架，衙署为龙头，左右古井为龙眼，南北向街为龙身，南街为龙尾，街端部设有镇海门、对山门、迎江门、登瀛门，故又称"龙城"。场署衙门北部居中，左右分布着庙宇学堂，一条主街贯通全城，其南端与横向的南街相接，而南街的另一侧则是从环绕余西南部的运盐河。

运盐河（图5-29）又称"老通吕运河"，始挖于南宋，咸淳五年（1269年），两淮制置使李庭芝，自通扬运河向东"凿河四十里，入金沙、余庆场"，以供王师

图5-29 运盐河（余西村供图）

调行军舟之用。明成化二十年（1484年），巡盐御史李睦凿吕四河。明嘉靖十六年（1537年），州同知舒缨自利和镇凿运河30余里，经余西、余中场，达吕四场。清同治十二年（1873年），知州梁悦馨浚通州各场盐河，沟通石港、西亭、金沙、余西、余中、余东、吕四7场。运盐河环绕余西南部，既为运盐提供交通便利，又是重要的防御设施。

课盐司署（图5-30）始建于明洪武二十五年（1392年），成化年间曾经修葺，嘉靖十八年（1539年）毁于潮灾，12年后在原址重建。据光绪十五年（1889年）重修碑记，其规制为：南向大门三楹，门前照壁墙一座，翼墙两座。门外东西栅门，左署"鹤凤东来"，右署"金石西鉴"。大门内为仪门，门两侧设神祠二楹。再内为大堂三楹，两侧东西向吏廨各三楹。再内为二堂，东为宾座，前出另有财神祠一座在住宅东北隅。整个署衙还缭以土垣，构成一个整体。重建后的课盐司署一直保持原有格局，直到民国元年张謇整顿盐灶，废各盐场课使，场署废弃。1937年抗战时期，通、如、启、海4县政府曾迁移至此，联合办公。20世纪30年代日军占领时期被拆。

图5-30　课盐司署遗址（余西村供图）

龙街（图 5-31）贯通余西南北，是余西的主要街道，余西"龙城"之名来源于此，与余东"凤街""凤城"相对应。北端接课盐司署（场署），场署门口有东西龙眼井各一口，龙街为商业街，两侧店铺林立，廉森源、三益斋等老字号分布于此。龙街长 422 米，全段为碎石铺地，保存较为完好。龙街南段中部立有节孝坊（钱氏牌坊，图 5-32）、历史上还有孝子坊（已毁，村中保留有部分残件）、二河桥（二河填平后不存）等历史场所。南街位于余西南端，北侧为传统店铺，与龙街相接，南侧为运盐河，有西高桥、东高桥与南岸相连，

图 5-31 龙街（余西村供图）

图 5-32 节孝坊（余西村供图）

旧时码头、轮船站等分列于此。南街全长约 260 米，大部分留有原碎石铺地，部分被水泥覆盖。北街位于余西北部，课盐司署门前，龙街北端相连。其外还有茶庵殿弄子、十八弯弄子、曹家祠堂弄子、马家烧酒坊弄子、福建店弄子、朱泰记弄子等 18 条巷弄，宽多在 1~3 米，长度在 50 米以内，它们与龙街、南街和北街一起构成了余西的历史街巷网络。

作为明清时期两淮重要盐场之一，以水网之便，通江襟海，余西成为盐运河上

重要的商贸集散地，其商业功能主要集中在运盐河沿岸的南街、运盐河南沿河以及龙街一带。据载有杜谊茂绸布庄、单泾生布庄、永昌祥布庄、曹恒兴油坊、曹禄园油坊、柯仁泰茶叶店、永泰和茶叶店、曹家酒店、朱家肉铺、马家烧酒坊、三益斋南北货店（图5-33）、廉森源老号、天生堂药房、黄家染坊、冯义成染坊、季长春染坊、杭立兴纸坊、宋泰华书屋等老字号。现遗存商铺以及民居宅院等36处传统风貌建筑大多为清末至近代所建，呈现出典型的商贸村落特色。

图5-33　三益斋（余西村供图）

（三）非物质文化遗存

1. 蓝印花布

蓝印花布是一种历史悠久的传统手工印染制品。南通二甲镇位于长江下游入海口的北岸，属亚热带季风性气候，四季分明，雨水充沛，温度适中，适宜棉花的栽培。旧时代这里的四乡百里家家纺纱，户户织布。土布生产成为家庭传统产业，棉纺业的发展带动了传统手工蓝印业，在这里民间蓝印花布的生产有着悠久的历史，历史上通州二甲所产的"小青缸"还被选为向清代朝廷进贡的地方特产。直到今天，二甲镇生产的蓝印花布仍然远销海外，享誉天下。2007年2月，二甲镇蓝印花布被评为国家非物质文化遗产蓝印花布展示基地。2009年，振兴染坊王振兴被评为江苏省蓝印花布传承人，2010年他代表江苏省参加中国首届农民艺术节，他的作品受到中央领导同志的好评，被文化部、农业部评为优秀作品，其中，有3幅作品（龙凤台布、秋之韵、春夏秋冬）收入中国农业博物馆。

二甲镇的蓝印花布从制版、印花到染色，全部采用手工操作，采用植物中提炼的靛青作染料，用传统的"小青缸"，这种工艺技术历史悠久，是我国古代劳动人民智慧的结晶（图5-34）。全镇有蓝印花布加工专业生产单位5家，分散加工户近400家。其产品有印花布衣料、台布、门窗、窗帘、壁挂、帐沿、围兜、丝巾、帽子、椅垫、杯垫、各种大小包及各种工艺装饰品等。主要销往国内外市场，有日

图5-34　蓝印花土布生产工艺（搜集、整理：周忠）

本、美国、韩国、法国、加拿大，国内市场有北京、上海、南京、南通等地。2001年7月日本《复日新杂志》（TDANEWS）以《中国地产产业的现况——南通蓝印花布》一文及多幅照片报道二甲正兴染坊及其产品。2002年10月，中央电视台播出该厂传统"小青缸""土靛"染色工序。该厂多次被江苏电视台、香港凤凰电视台、南通电视台录播。通州二甲镇印染有限公司生产的蓝印花布在江苏省质量评比中荣获"江苏省优质产品称号和工艺品百花奖"，并荣获中华人民共和国对外贸易部荣誉证书。

二甲镇除生产一般的蓝印花布外，还生产扎染蓝印花布，当前生产蓝印花布单位、家庭之多，人数之广、销路之大，真不愧为江海平原上的蓝印花布印染之乡，中国蓝印花布发源之地。

2. 余西庙会

余西是一座有1 000多年文字记载的历史古镇，历史悠久，文化发达，寺庙众多。在镇区有文庙、武庙、城隍庙、将军庙、大王庙、十甲庙、都天庙、大悲殿、三官殿、茶庵殿、贤林寺、镇海寺、报恩寺（元帅庙）、西来庵等10余座，其中，有不少是历史名刹。早在明初地方选志余西全图上就标有摩提庵（茶庵殿）、城隍庙、大悲院（大悲殿）、贤林寺（红庙）、三官殿。这些寺庙都有数百年甚至近千年的历史。近代张謇先生也曾在余西为西来庵亲笔题写一副对联，留下了他的墨宝。

由于古镇庙宇甚多，每年都要办数次庙会，俗称出会。其中，农历三月二十五、九月二十五的元帅庙会，农历五月十八、九月十八的都天庙会及城隍庙会，这三大庙会最热闹，主要活动是请迎神出会，即请神巡行地方，驱逐瘟疫。神像由庙起驾巡视称"出衙"，通常用大轿抬着神像，沿着古镇主要街道巡游一周，然后抬回庙内直至神像奉安入座，称"回衙"结束。

三大庙会中，尤以三月二十五的元帅庙会更是盛况空前。报恩寺（俗称元帅庙）供奉着元帅大老爷的行身坐像（即木雕像，四肢关节会活动，能穿衣着袍脱靴，像木偶戏的木偶不易损坏，称"行身"，泥塑的称坐身），他头戴顶卷珠花冠，身着蟒袍玉带，脚穿朝靴，青黑色花脸，红须，姓温人称温公元帅。传说有一天他读书至深夜，发现有鬼魂在附近井内投毒，清晨邻里们来井内取水，他力阻劝说，乡亲们不信。他无法可想，只得自己投入井中，用自己的生命换取了百姓的安全。

后来他魂上天庭，玉帝封他为元帅，成为玉帝灵霄宝殿八大将之一。人们为了纪念他，为他建庙祭祀，俗称元帅庙。

余西的庙会组织者由当地绅士、大施主、寺庙住持和懂事务的信徒等组成。他们之间的分工也相当明确而细致，有专门向各行各业筹集资金的，有专门负责保管庙会期间各种仪仗实物和服装的，有专门负责经济收入和支出的，也有负责招募各种执事的扮演者，还有专门负责庙会秩序及伙食等具体事务的。筹备工作一般都在庙会前20天内完成。

庙会前一天古镇各商铺就在柜台上摆好烛台香炉，供上用黄纸写上的菩萨"神位牌"，同时还洗好茶缸，晚上烧好茶，加上盖，放好茶碗，准备第二天参加庙会的路过饮用。寺庙还得请出"太尉史"（管事务的神）扫街。"扫街"就是巡视检查准备工作。人们抬着太尉史乘坐的小轿，沿着第二天行走的路线巡回一圈，然后回到庙内奉安入座。同时还要把出会的神像从神龛中请出，脱下内衣及冠、袍、靴，换上全新的衣冠及蟒龙袍玉带和靴，准备第二天起驾出巡。

庙会的当天上午，各班执事到齐，准备完毕，准时鸣炮，神像乘坐大轿开始"出衙"，这时先行的是马叉鬼清道。马叉鬼头戴鬼面具，青面獠牙，身着短带鬼衣，手执三齿铜叉，铜叉上装有金属圆片。手上下摆动，铜叉就会发出响声。所谓"清道"就是在街道西旁观会的人群前来回走动维持秩序，保证神轿和仪仗队无阻顺利进行。观会的人特别是站在前面的小孩，一见到马叉鬼特别害怕，一听到马叉鬼的铜叉声音，就自动往后退让，使仪仗队和神轿畅通无阻。

随后，在仪仗队前的是一对醉汉，两人赤露上身，左手持棍棒，右手握酒壶，一会儿摇摇摆摆，跌跌撞撞，一会儿躺在地上，一副醉态。同时两人招招手，拿起酒壶喝喝酒，像演哑剧一样。在醉汉后紧跟着大头娃、小头鬼，大头娃戴着大头套，手执蒲扇，手脚不停舞动，与现代跳大头娃娃舞很相似。小头鬼一般有三四米高，上面有颗大概是木雕的小头，留着八字胡，戴着红缨帽，穿着长长的清代补褂，走着一摇一摆的方步。在他们后边是手执铜叉，擎着"捉拿"牌，戴着牛马头套的牛头马面，还有一群跟现代差不多的踩高跷队伍。然后是千秋台和平台，千秋台大多由10岁左右的女童扮演，她们身穿彩衣，分别坐在各自的千秋板上，左右两手抓住千秋绳，千秋架会上下摇动，跟现代电动摩天轮很相似。平台一般由10

岁以下男童扮演，他们几个化装成一组如"唐僧取经""黄鹤楼""鸿门宴"等戏剧人物，端坐在平台上，做一些如饮酒等简单动作。最后，是烧肉香的人群，他们赤裸上身，环头插着一圈纸马，裤腰围裹着红绿彩布条，像一条短裙似的，跟电影里少数民族中巫觋差不多。更令人难以理解的是，他们用几根细铜钩钩住自己手臂下的肉皮，下面掉挂着一面铜锣或一面大鼓，甚至数斤重的金属大香炉。一边走一边还要敲响锣和鼓。吊着香炉的人有时还要表演将香炉晃转一圈甚至几圈，他们长时间行走，怕手臂承受不了钩吊着的器物重量，就用预先做好成月牙形的棍棒，一头支撑在自己的腰，一头用手掌牢牢地抓住，还有用棍棒绑在自己的手臂前后，行走时搁在前面人的肩上，以减轻自己手臂的负重。据说他们在神前许过大愿，就得这样做。但是当时没有麻醉药品，他们的皮肉如何承受常人难以忍受的痛苦，就不得而知，也令人难以理解。

最后是正式的仪仗队，最前面的是数十人的皂班，他们个个头戴红沿高帽身着长皂衣外套红马甲。前面的扛旗打伞鸣锣开道，后面的分别扛着"肃静""回避"的告示木牌。而后是分别举着金瓜、手笔、戈等的銮驾仪仗，最后是神轿前头戴盔，身着甲胄的值年、值月、值日、值时的四值功曹，分别站在神轿前左右两旁。后面就是神像乘坐的八人大轿，轿后还有一人举撑着黄色大华盖，高高的遮盖着轿顶，轿后跟着烧拜香的庞大队伍，他们个个手捧用手帕缠住底部点燃的板香紧随轿后，有数百人之多，甚至达到数千人。

神轿出衙后，沿途要落轿，停靠很多个临时搭建的茶厂（即供神饮茶休息的厂棚），然后供人们朝拜。茶厂里放数张方桌，连在一起，桌前摆放着烛台香炉，桌上供满了水果、茶食等供品和一盏碗茶。神轿到达后就落轿，将轿移驾至茶厂后面，焚香点烛，吹鼓手们就吹起笙笛奏起音乐。人们在茶厂外把未烧完的拜香丢在茶厂外，临时当香炉用的几只铁锅里，跪拜后中途退出，还有人甚至中途来的，可以重新点上一把香，随神轿走完全程。

在茶厂中，有4个规模最大。首先经过的是古镇衙门前登瀛门外的茶厂，其次是二河桥孝子牌坊前的茶厂，然后是运盐河北岸迎江门外的茶厂，最后是运盐河南余西坝头的茶厂。余西庙会一般一天时间，最后落轿在河南坝头茶厂时间较长，傍晚起驾，天黑时就回衙到庙内。特殊的有两天时间，在河南坝头茶厂过夜，点上汽油灯，在钟鼓声中，循宗教仪规举行仪式，焚香一夜，第二天起驾回衙。

每次庙会，古镇周边几里远的群众，扶老携幼都来赶庙会，不论男女老少，像过年一样，穿着自己最好的衣服，打扮得整整齐齐，有的来做生意，有的来观会游玩，更多的是来敬神。古镇上到处是人群，尤其是神轿必定经过的龙街上，人们拥挤的难以通行。这一天，不但各商铺如卖香烛元宝的杂货店、茶楼、酒馆、大饼店生意特别红火，连一些手执货篮做小买卖的如：卖海蛳、卖油花生、卖五香烂豆、卖香烟、卖点心、卖猪头肉、卖甘蔗的，还有肩挑货担卖馄饨、卖豆腐脑、卖糖块、卖针线以及捏泥人、卖糖人和扛着草棒卖风车纸玩具的，卖一串串熟荸荠的，小商贩们被大人小孩围成一圈，忙个不停。特别是二河桥一带，小商贩特别多，人头攒动，人来人往，拥挤不堪，非常热闹。解放初期，古镇庙会停止举办，庙会热闹的场面逐渐从人们的视线中消失，同时也被人们所淡忘。

（四）保护与开发规划

为了更好地保护余西历史文化资源，通州区人民政府于2012年成立余西古镇建设发展工作推进小组，由区委常委、区委宣传部部长任组长，二甲镇党委书记任副组长，区政府办公室、财政局、文广新局、二甲镇人民政府等15个相关部门负责人为成员，开展余西古镇的保护与开发工作。同时，成立余西古镇建设发展指挥部和南通余西古镇建设发展有限公司，采取二甲镇人民政府主导、公司和指挥部合署办公、协同作战的模式，全力实施余西古镇保护建设的每个具体项目。

余西的保护与建设始终坚持"记录历史、传承文化、改善民生、促进发展"的理念，以保护历史载体的真实性、注重传统风貌的完整性、强调保护措施的适应性和研究发展利用的可持续性为原则，以古盐文化为背景，以古村建筑文化为平台，以深入挖掘盐文化精髓，展现余西悠久的历史文化。

近期规划（2013—2015年）：初步形成旅游路线，包括贯通支流水系，绿化种植，重点打造微型非遗博物馆群（蓝印花布、板鹞风筝、传统民俗、传统美食以及红木雕刻）、特色景点（迎江门、西龙眼井亭、节孝坊、古树等）、打造景观桥、修建四合院等。余西古镇的打造已经有四五年了，区政府、镇政府都比较重视，成立专门的领导班子支持保护工作，老百姓也非常支持保护工作。还原了余西古镇的历史原貌，主要把余西古镇所有的河道全部疏浚了，泊岸、绿化都做到位，大环境有很大改善。到目前为止，已经投入了 7 000 万~8 000 万在河道整治工作上。现在来余西古镇，人们能够感受到水清岸绿天蓝，老百姓都感觉比较宜居。

中期规划（2016—2020 年）：打通镇区内南入口到东入口的游览通路，扩大游览范围，整合镇内水系，初步建立水陆路联合交通体系，进一步完善配套设施建设，包括文化展示中心建设、朱家花园建设、大悲殿复建、南入口配套商业街扩建、东入口及停车场等。

远期规划（2021—2030 年）：完成整个古镇内各类建筑的修缮整治工作和环境整治工程，新建西入口及配套停车场等。

第六章
江苏民俗文化型村落

第六章 江苏民俗文化型村落

江苏农业文明悠久、文化资源丰富，在 7 000 多年的农业文化史，产生了多姿多彩的农业民俗与地域文化，它们以不同的文化形式融入整个地域甚至整个民族的精神世界与遗产宝库，为民俗文化型村落的形成和发展提供了丰富的非物质文化遗产资源。

第一节　民俗文化型村落概述

江苏地处海洋文化圈和大陆文化圈的交汇点上，同时具备水文化的智慧和南北文化交流形成的宽容。这种灵动的智慧和宽厚的包容体现在江苏民俗文化的各个层面，使其历经千百年的传承仍然稳定延续。如稻俗、蚕俗、茶俗、渔俗等具有鱼米之乡特征的生产民俗；端午祭胥王、芦墟摇快船、甪直水乡妇女稻作服饰、桃花坞木版年画、昆山水乡婚嫁习俗等体现地域文化特色的生活民俗；以及金坛抬阁、通州童子戏、溧水骆山大龙、高淳东坝大马灯等民间信仰与观念。据统计，苏州吴歌、苏州甪直水乡妇女服饰、溱潼会船、高邮民歌、金坛抬阁、通州童子戏、跳马伕、溧水骆山大龙、高淳东坝大马灯、兴化茅山号子、留左吹打乐等名列国家级非物质文化遗产项目；洪泽湖渔鼓舞、邵伯秧号子、吕四渔民号子、南乡田歌、胥浦农歌、金湖秧歌、高淳跳五猖、柘塘打社火、男欢女喜、阳腔目连戏、钟馗戏蝠、宜兴观蝶节、扬州跳娘娘、柚山放灯节、海门山歌等被列为省级非遗名录。

这些在历史发展中形成的生产方式、生活习俗与区域文化中所包含的公共文化属性与精神价值体系是江苏民间社会重要的精神支柱和心里根基，是对江苏乡村文化的生动诠释，有些民俗文化甚至深刻影响了村落的发展与繁荣（表 6-1）。

表 6-1　江苏民俗文化型村落

典型村落代表	突出特征
淮安市洪泽县老子山镇龟山村	渔业生产生活民俗
南京市高淳县漆桥镇漆桥村	江南孔氏聚居地
镇江市新区姚桥镇儒里村	朱子文化传承地
镇江市丹徒区姚桥镇华山村	民间故事与传说

（续表）

典型村落代表	突出特征
镇江市丹阳市延陵镇九里村	季子文化传承地
苏州市昆山市千灯镇歇马桥村	韩世忠抗金驻扎之地
苏州市吴中区香山街道舟山村	核雕之城

漆桥村隶属南京市高淳区漆桥镇，东与溧水交界，北距南京70公里。这一地区史前就有人类活动。据当地《孔氏宗谱》和民国《高淳县志》记载，汉代以前，漆桥称南陵（图6-1）。西汉晚期，丞相平当为避王莽之乱，于公元初年迁居平陵（溧阳属地，今高淳游山北麓）的河畔居住。因宅地三面环水，为交通于银林（今东坝镇）间，于南陵溪河建成长约3丈、宽约1丈的木桥，并在桥上涂丹漆以防腐，漆桥由此建村、得名。位于漆桥老街西侧的平家池即为汉丞相平当居址。漆桥自汉代起，就是南京与苏杭、宣徽等地南北往来的必经之路，是南京地区的驿路要冲。千百年来几经修葺，1953年改筑为长28.6米，宽6.6米的三拱石桥。宋末元初，孔氏第五十四世孙孔文昱，从浙江平阳迁入漆桥，成为漆桥孔氏迁山始祖。此后，孔氏子孙繁衍，渐成漆桥主要姓氏。清康熙六年（1667年），漆桥修建孔氏宗祠，成为江南规模最大的孔氏聚居地，也是高淳的政治经济社会中心。如今，漆桥已成为华夏仅次于山东曲阜的孔子后裔集中居住地，村上90%的人为孔姓，村域内保存了砚池状整体形态、鱼骨状街巷格局、大量物质文化遗存和非物质文化遗

图6-1 漆桥村（刘馨秋摄）

产,是南京著名古村落。

儒里地处丹徒、丹阳、扬中交界处,属镇江市新区姚桥镇管辖(图6-2)。其所处地区原是长江航道东移后留下的一片江滩沙地,元末明初,朱文通(谱名亨三)随父旅居焦山,后徙居于此,围地造田,建家立业,成为"围里始祖"。"围里"遂成地名,后改为圩里。随着朱氏家族繁衍发展,日益壮大,这里也被称为朱家圩。至清初,改为儒里,寓意儒人之故里。近年来,朱亨三出资筹划修建的朱子祠由民间集资大修后对外开放,使儒里的朱子文化继续传承、弘扬。

图6-2 儒里(刘馨秋摄)

九里村隶属于丹阳市延陵镇,地处丹阳、金坛、丹徒三县交界处,距丹阳市区约20公里(图6-3)。村落因距延陵县九华里而得名。九里村形成于"万顷洋"退

图6-3 九里村(刘馨秋摄)

去后的滩地,春秋时期季子认为此地为"龙地",选此作为安葬之地。季子死后即安葬于此。其后代为纪念季子,在墓旁修建季子祠,后改称季子庙。由此也开启了九里村的发展。

歇马桥村则与南宋抗金名将韩世忠有关,据传韩世忠曾将此地周围三里选为水路军事基地,当时这里南北被河浜相隔,为往来方便,就在河上筑桥,名为歇马桥,歇马桥村由此得名并发展起来(图6-4至图6-6)。

图6-4　春临歇马(歇马桥村供图)

图6-5　歇马桥老街
(歇马桥村供图)

图6-6　歇马景观(歇马桥村供图)

舟山村坐落于穹窿山脚下,濒临太湖,属苏州市吴中区香山街道。相传,

2 500 年前，舟山还是太湖半岛，吴王在此建造战船、训练水师，舟山因此而得名。随着岁月的流逝，当年的船坞已无丝毫印痕，但由于依山临水的优越地理位置，当年吴国的子民便留在了这个宁静的村庄。舟山能工巧匠无数，核雕技艺名动天下。如今，舟山核雕村共有 103 户，两个生产小组。通过新农村改造、城乡一体化推进、美丽乡村改造，村庄面貌有了很大改善。近年来，舟山村又投资 1.3 亿元左右，进行立面改造、三线入地、油水分离、景点打造，并以保护橄榄核原产地为中心，新增了核雕艺术展示馆、风情一条街、桃园小筑、吴工坊等。如今，舟山核雕已经形成一定的规模，村里的从业人数达到了 3 000 人左右，年产值在 2.5 亿~3 亿元。据统计，2016 年，村内有核雕工坊五六百个，已经形成了一条产供销产业链。

第二节　江苏民俗文化型村落个案研究

一、龟山——渔业生产生活民俗

（一）村落简况及历史沿革

龟山位于老子山镇以南，淮河与洪泽湖的交汇处，总面积约 5.5 平方公里，因形状似龟，山上建有龟山庙而得名（图 6-7 至图 6-9）。

图 6-7　龟山村指引
（刘馨秋摄）

图 6-8 龟山村景观（刘馨秋摄）

图 6-9 龟山村（刘馨秋摄）

据民间传说，龟山的历史可以追溯到三皇五帝时期，大禹曾在龟山疏道治淮。相传，大禹曾与巫支祁及其所属几十万山精水怪大战，于龟山脚下擒获巫支祁，自此淮水始安。

因淮水天险,龟山地理位置重要,因此自秦末汉初时起,龟山多为战场和屯兵之地。楚怀王、项羽、刘邦等都曾在龟山下屯兵筑城,三城相连,后世分别称之为小儿城、项王城、汉王城。南北朝时,刘宋文帝在原项王城基础上筑龟山城,派重兵把守,以抵御北魏太武帝拓跋焘南下。

隋代济渠开通后,淮河交通繁忙,龟山商贾往来增多,人口渐增,城镇渐兴。北宋天禧二年(1018年),迁泗、濠州路巡检于此,使龟山成为强化淮河下游统治的壁垒。元丰六年(1084年),开龟山运河,置淮南、淮东漕运司,置务税令,龟山镇一时"人烟繁盛,倍于淮阴",位列盱眙三镇。文人络绎、吟咏不绝。至今仍保存有御码头和官码头的遗迹。

与此同时,龟山佛教兴盛,寺院林立。曾有先福寺、龟山寺、淮渎庙、无梁殿等,香火缭绕,南宋皇帝赵构都曾到此,足见龟山香火之旺。宋金对峙期间,龟山战火纷飞,寺庙多毁。明清两代曾多次重建,留下重修淮渎庙、移建安淮寺等石碑。

清代龟山一度成为清河重镇。康熙二十四年(1685年),泗州学移建龟山之麓,成为龟山有史以来的最高学府。寺庙历经明清两代多次重建,佛教盛况有所恢复,乾隆皇帝曾数次到访,登岸与八叉和尚共叙佛理。

清末龟山屡遭战争灾难,一众寺院庙毁僧散。曾经的运河重镇,规模缩小,逐渐寂寥。民国间的龟山衰微不堪,一度土匪为患。龟山村从曾经的运河重镇,变为老子山镇的一个临河村庄。从20世纪50年代起,挖山不止,于今龟山仅剩一角,旧貌不再。

目前,龟山村域面积3.4平方公里,三面环水,水域资源优势显著,盛产草鱼、鲫鱼、鲢鱼、鳙鱼、螃蟹、河虾等水产品。辖区内现有居民131户,726人,其中,近400人从事渔业生产,至今仍保留着传统的渔业生产生活方式(图6-10)。

图6-10 龟山村渔业生产生活(刘馨秋摄)

（二）渔业文化资源

1. 龟山运河

龟山运河自龟山蛇浦（今江苏盱眙县东北）至洪泽镇与洪泽运河相接，长57里，北宋时所建，由洪泽镇至龟山蛇浦，在淮河的右岸建成的一条新运河，以避船只逆行淮河180里的风涛之险，避免"运舟多罹覆溺"之险。使得淮南、江南、湖广路调运的600万石漕粮可以顺利运达京畿。

北宋时由于洪泽运河效益明显，负责漕运的官员便想将洪泽运河继续向南延伸，提出这个倡议的是发运使罗拯，"复欲自洪泽而上，凿龟山运河以达于淮。"宋神宗赵顼，是批准洪泽运河的决策者，对于龟山运河也认为方案可行，但由于前有赵祯盱眙直河的前车之鉴，尚存一定顾虑，他不敢贸然批准，于是先召发运使蒋之奇，征求他的意见。蒋之奇认为上有汴河，下有洪泽河，中间有风浪之险的只有近百里航程，而这百里淮河航道，一年沉溺的公私船只，不计其数，这些船只是经过各地转输，涉湖行江航行数千里，最后却沉溺在这百里的河面上，实在是可惜。因此，他也建议"宜自龟山蛇浦，下属洪泽，凿左肋为复河，取淮为源，不置堰闸，可免风涛覆溺之患。"蒋之奇不仅阐述凿龟山运河的必要性，还提出龟山运河的具体走向，就是在淮河东岸，从龟山到洪泽平行开一条人工河，上引淮河水源，下用洪泽闸节制，可以大大改善航运条件。

最后开凿的是自洪泽镇至龟山镇的龟山运河。《宋史·河渠志》记载，元丰六年（1084年）正月，"发运使罗拯复欲自洪泽而上凿龟山里河以达于淮，帝深然之。会发运使蒋之奇入对，建言：上有清汴，下有洪泽，而风浪之险上百里，淮迩岁溺公私之载不可计，凡诸道转输，涉湖行江已数千里，而覆败于此百里间，良为可惜，宜自龟山蛇浦，下属洪泽，凿左肋为复河，取淮为源，不置堰闸，可免风涛覆溺之患……既成，命（蒋）之奇撰记，刻石龟山"。这条复河，至元代运河改道之初还在使用。

蒋之奇是龟山运河开凿的主持者，在当时还没有完善的勘探设施，为了摸清地下土质情况，他"率一二里，辄凿一井，以测地之土石。"可谓认真负责。正因为前期工作做得细致入微，龟山运河从元丰六年（1084年）正月开工，到二月便告成，长 57 里，阔 15 丈，深一丈五尺。自此在淮安境内漕运船只，完全避开淮河而航行在人工运河上。宋神宗赵顼，要蒋之奇撰文记录，刻石于龟山后，遗憾的是明末因洪泽湖不断扩张，今人已无法览其真容了。

龟山运河居最上游，在规划设计上，巧妙地利用龟山为淮河与运河合理分水。运河的水源依靠淮河，一般从河道分水，多在河口建节制闸，用以控制和调节水流。龟山运河在水利工程中，属于无坝（闸）取水，充分利用这一段淮河的地形，巧用龟山做分水墩，合理的分配运河所需的水流，起到与都江堰的鱼嘴相同的作用，节省工程的投资，保证新开的运河有充足的水源。苏轼在《龟山辩才师》中有"此生念念浮云改，寄语长淮今好在。故人宴坐虹梁南，新河巧出龟山背。"讲的基本就是这层意思。

宣和三年（1121年），龟山运河堤受淮河冲刷而坍塌，自此就设立有岁修制度，至南渡后方废，保证了运河的顺利通航。现今运河已淹没在洪泽湖底，不可见。

2. 洪泽湖"水上人家"（"连家船"）

数千年前，洪泽湖地区已有先民从事捕鱼活动，随着生产方式的不断演变，逐渐形成该地区渔民鲜明的颇具实践性的习俗。这里历来以小型淡水捕捞为主，从古代起，这里的贫苦渔民便传承了"以船为家，漂泊水上，居无定所，捕鱼谋生"的生产定势和生活习惯。渔民均以个体作业，经济力量薄弱，都使用小型渔船，最大的载重不超过3吨，小的只容两口之家。其捕鱼方式多种多样，各地也不同。根据不同季节，他们采用的渔网、渔具大体有：披风网、捣网、抬网、圈网、丝网、过河扳罾、提拖网、盖网、麻虾网、笼罩、设簖张过河卡、安滚钩等，还有钓鱼、提虾、套鱼、摸鱼、养鸦捕鱼、烟熏灯诱河虾等辅助捕鱼方法。而使用100多米长的大网捕鱼，则需渔民们组织起来（10多个劳力，四五只船一道）集体作业。所捕鱼类以鳊、鲤、鲫、鲢为主，兼捕河虾、蟹、鳖等。

这些渔民无固定的捕捞水域，他们撑起连家船，终年漂泊在洪泽湖、高宝湖、大运河、淮河、里下河等广大水域。他们以家族聚居，以姓氏为群体，代代相传。

作为一种独特的生产生活方式，"水上人家"（图6-11）形成了洪泽湖地区一道亮丽的风景线。这里万顷碧波就是耕地，船就是家，数以百计的船首尾相连，形成了壮观的水上街道。

随着社会的发展、科技的进步以及渔业生产方式的改变，中华人民共和国成立前"全家睡破舱，吞菜又喝汤，肚子吃不饱，两眼泪汪汪"的渔民生活已发生了翻天覆地的变化。

图6-11　水上人家（刘馨秋摄）

3. 洪泽湖渔鼓舞

洪泽湖渔鼓舞以其浓厚的湖区渔家韵味，在洪泽湖地区有着广泛、深厚的群众基础和活动范围。清末民初，处于鼎盛期的洪泽湖渔鼓舞，在苏、皖、豫广大渔民中有着广泛的影响，目前主要分布在洪泽湖周边，以泗洪县半城镇、洪泽县老子山镇等沿湖乡镇为主。

洪泽湖渔鼓舞是洪泽湖流域唯一的民间舞蹈形式，距今有800多年历史，它伴随洪泽湖的形成而诞生，由最初的湖上渔民迷信活动逐渐演变成祭祀、节庆活动，直至现在经文艺工作者挖掘、整理为舞台舞蹈艺术，其发展一直在洪泽湖流域，鼎盛于清末民初，泗阳沿湖乡镇曾涌现较多的渔鼓艺人。

在表演渔鼓舞时，演员左手持一种渔鼓形似葵扇，鼓柄长17厘米左右，柄尾有一圆形或菱形铁环，环周设有3个小铁环，3个小铁环每个再串系3个更小的铁环。表演时，演员左手摇鼓，环声铛铛；右手击鼓，鼓声锵锵。

洪泽湖渔鼓舞表演者均为男演员或男扮女装，其服装艳丽，演出的场地在船头观众多时有七八条船并在一起，合成一个简便的水上"舞台"。洪泽湖渔鼓舞艺人，在生产生活实践中不断演变，唱腔不再是迷信中的嚷神和念佛，逐步融进了曲艺演唱和肘鼓调，也吸收了渔家号子和渔歌等唱腔和韵律，改变了过去似唱非唱、无痛呻吟的娘娘腔。表演的舞蹈，也不再是简单的伴舞动作，出现了前后游、左右摇等舞姿，模拟撒网、下簖、摇船的打鱼动作。

中华人民共和国成立以后，通过湖区文化工作者的挖掘整理，并不断地创新，形成了今天比较完善的舞台民间舞蹈形象，表演的内容多是歌颂湖上渔家儿女以轻歌曼舞的形式表现渔民的劳动场景和丰收的喜悦心情，这时期的渔鼓舞的基本特征为彻底摆脱原来低沉祝诉的腔调，增加了激昂奋进、热情奔放的旋律，将山清水秀、百舸争流的湖上自然景观作舞台天幕，烘托壮观的捕捞作业场面阵容和队列变化多样，有蛟龙出水、二龙戏珠的队形，以鼓代鼓、以鼓代网，又有模拟渔业生产的舞蹈动作，有划船、拉网、下钩、布卡、下笼等碎步、挫步的劳动场景，也有大步流星力争上洲的走八字、打圆场的舞蹈。也有双驾云、白鹅亮翅、推窗望月、雁南飞等生动表演。演唱的传统曲目有《魏征斩老龙》《张郎休丁香》《还魂记》《水母水淹泗洲城》等10多部。

洪泽湖渔鼓舞距今已有800多年的历史，主要是通过民间艺人的不断传承，传承的方式是家族继承制，由长辈向晚辈手传口授。传承者在生产生活实践中不断演变，在后期渔鼓舞的表演中吸收了渔歌、肘鼓子以及说唱等歌舞曲艺门类，使得渔鼓舞表演不断走向成熟，进而演变成今天的舞台、广场的演出形式，表现了渔鼓舞这一别具洪泽湖特色的民间艺术形式，充满了顽强的生命力。"渔民苦钱没处使，不是排船就是烧大纸"，而渔鼓表演则是在烧大纸仪式上占主导地位，可见渔鼓舞已经深深扎根于洪泽湖流域的渔民心中。

当前，湖区的民间渔鼓老艺人已为数不多，且年龄较大，年轻人不愿唱渔鼓，渔鼓舞已面临传承断代的局面，加之渔民居住不固定，集中排练十分困难，不利于渔鼓舞艺术的长期传承。目前，洪泽湖渔鼓舞已经被列为江苏省省级非物质文化遗产保护项目。

洪泽湖渔鼓舞是洪泽湖大湖文化的杰出代表，是渔民文化的一朵艺术奇葩，对于洪泽湖文化的传承研究具有不可替代的意义；是洪泽湖区渔民生活中极具特色的一种民间文化。

（三）保护与利用情况

自 2014 年被评为中国传统村落以来，龟山村随即制定规划，开展村落保护与利用工作，确定"五大片区"的总体布局，分别设置文物遗址区、传统乡村生活区、环境生态区、渔业生产区和发展配套区的发展定位。[①]

在文物遗址区，对历史文化遗迹和历史环境要素进行集中保护。乡村生活区以改善居住、交通、设施等人居环境为基础，引导村民利用自有资源参与到龟山的发展中。帮助村民改造民居民宿，并收购空置、破损房屋收购，按照原有的样貌进行修复，增添附属设施，满足游客的住宿需求。以此树立经营典范，带动村民投入旅游开发。在渔业生产区加强原生态生产方式的保护，贯通村域范围内的水上交通，展示龟山传统产业全貌。同时利用村内民居，改造成渔文化博物馆，增设渔业文化展示项目，包括当地渔业养殖方式、传统渔业用具及捕鱼技艺、渔业相关民俗等内容，并设置渔家生活体验项目，充分展现以龟山为代表的洪泽湖传统渔村特色。此外，设置服务中心、停车场、码头等公共设施，为龟山村的发展提供配套支撑。

目前，龟山的旅游业已经逐步发展起来，很多长三角的游客自发前来。据负责人介绍，2016 年 4 月开始营业的农家乐，当月就接待游客近 3 000 人。随着游客的增多，越来越多的龟山年轻人回到家乡工作，当地政府为他们安排专业培训，包括景点讲解、民宿接待、农家乐管理和服务、安保、物业、水电等内容，为迎接龟山未来的发展做好充足准备。

二、华山——民间故事与传说

（一）村落简况

华山村[②]位于镇江市姚桥镇最西端，西距镇江 28 公里，东临石桥镇，西接平

[①] 李飞，施玉春：《洪泽湖流域传统村落保护发展对策探析——以淮安市洪泽区老子山镇龟山村为例》，《乡村规划建设》2017 年第 8 辑，第 74-80 页。

[②] 参考江苏省住房和城乡建设厅编：《乡愁何所寄——江苏历史文化名村保护规划汇编》。

昌新城（图6-12）。华山村因山为名，曾经是大海和长江边的一个港口，史前就有人类活动。华山属茅山山脉，是北路上茅山必经之路。茅山是中国道教名山，道教上清派的发源地，被道家称为"上清宗坛"。华山村因此具有深厚的道教文化积淀，是镇江地区道教文化起源地之一，也是镇江道教体系中不可或缺的一部分。宋元以来的地方志中记载了华山众多庙观。以庙观为中心发展而来的村庄以宗族的形式聚族而居，村中以冷、杨、李、张四大姓氏为主。庙观文化与宗族文化和谐共生，形成了华山村共享共生的生产生活方式。抗日战争时期，新四军挺进江南后，于镇江县境成立镇、句、金、丹四县抗敌总会，华山村为山北县委县政府所在地。

图6-12 华山村（刘馨秋摄）

华山村踞岗建村，以山脊作为村落街巷肌理，形态独特，其以丘陵岗地为主的地貌特征保存完整，是江南丘陵低岗村落之典范。建筑古朴，内部木构应用古制，具有明代遗风，外部形态具有传统民居特色（图6-13）。

图6-13 华山村街景(刘馨秋摄)

华山村的物质和非物质文化遗存丰富，拥有古银杏树、积昌堂两处镇江市文物保护单位，天和永号（图6-14）、冷遹旧居（鸿飞堂，图6-15）、山北县委县政

图6-14 天和永号（刘馨秋摄）

图6-15 冷遹旧居（鸿飞堂）（刘馨秋摄）

府旧址、龙脊街、禹王井、送子观音井、华山张王庙碑等 7 处第三次文物普查登录点,冷氏祠堂、遗先堂等 29 处优秀传统建筑,龙脊街等 6 条历史街巷,禹王井、送子观音井、奈何桥等古井、古桥以及《华山畿》和华山畿传说、华山庙会、太平泥叫叫等民俗文化资源。华山村名列江苏省历史文化名村、中国传统村落,被誉为"镇江市最美乡村"。

(二)《华山畿》和华山畿传说

据《京口山水志》中记载,华山为南朝乐府诗《华山畿》的发生地。《华山畿》现存 25 首,是南朝民歌中极具特色的文化瑰宝。其中第一首:"华山畿,君既为侬死,独活为谁施?欢若见怜时,棺木为侬开。"描绘了流传民间的一段奇异、凄美的爱情故事,被学界认为是《梁祝》的雏形。

据 1987 年杨明声等口述(谢仁溥、顾大鹏整理,濮永顺、孙楼英、陈静记录)[①]:传说南朝宋时,南徐(镇江)有个秀才带着书童去丹阳走亲戚。走呀走呀,走到中午,肚子饿了,人也累了,想找个客店吃饭,歇歇脚。抬头一望,巧哩,前面就是一个村庄。这村叫华山村,村上有街,街上很热闹。秀才走进一家客店,忽见店主小姐从楼上下来,十七八岁年纪,漂亮得好似天仙一般。秀才看呀,看呀,看呆了。书童吃了一惊,赶忙买来饭菜,陪着秀才吃完赶路。出了店门,秀才感到头昏昏的,两腿发软,浑身无力,不准备去丹阳了,要书童扶他回家。回到家里,秀才脑子里老是想着那小姐。日里想,夜里想,想呀想呀,想出了相思病,求神、吃药不见效,急得他父母哭哭啼啼。秀才家赶快派媒人去华山提亲,不想女方家长不认,嫌秀才无一官半职。媒人偷偷找到小姐,把秀才得病的情况一说,小姐心软了,她解下那天见到秀才时扎的围裙,说放在秀才的床下,病自然就会好了。秀才的母亲便将围裙放在儿子的床席底下,果然,秀才的病情一天比一天好转,没隔几天,居然能起身下床了。一天,秀才无意中发现床下的围裙,问是怎么回事?父母把来龙去脉一讲,秀才听完猛地站起,把围裙紧紧捧在手中,看了又看,闻了又闻,尔后把围裙撕碎,一口一口地吞进肚里。秀才吞下围裙,撑坏了肚子,疼得

[①] 杨国平,杨俊达,鞠永平编著:《华山畿的故事与传说》,第 9 页。

直打滚，折磨了好几天，人已奄奄一息了。临死前，他对父母说，他是为华山茶馆里那个小姐而死的，希望死后能把棺材抬到她家门口歇一歇，他要与小姐见最后一面，也就闭眼了。秀才的父母把儿子的棺柩装上牛车，拉向华山村。车到村口牛不肯走，打了也不走。有人报丧，把秀才死的原因告诉那小姐，小姐听说这个男子是为他而死的，悲痛欲绝，穿起一身孝服，直奔村口，跪倒在秀才灵柩前，边哭边唱起当地山歌："华山畿，君既为侬死，独活为谁施？欢若见怜时，棺木为侬开。"这时，突然狂风骤起，雷电交加，"嘭"的一声，棺木自动裂开，小姐纵身一跳，与秀才同眠在棺材里。一会儿，风停了，雨停了，裂开的棺木自动合拢了。家里人就把这两人合葬在华山村边的山岗上，这里就叫"玉女墩"。

第七章

江苏传统村落保护对策探索

传统村落是乡村历史文化与自然遗产的"活化石",而工业与城市发展、经济与社会转型也是不可逆转的历史潮流,如何在乡村社会急剧消失与"记得住乡愁"的现实要求之间,找到适合传统村落保护的出路,如何激活传统村落的生命力,实现村落与农耕文化的活态传承,是新型城镇化建设中亟待解决的问题。因此,将建设重点放在探索适合的保护和利用模式上,已经成为当前新型城镇化建设的新方向。

第一节 江苏传统村落保护的现状及问题

江苏传统村落不仅数量较少(仅占全国的1%),而且现存状态也不容乐观,古民居损毁、村落空心化、建设性破坏、原真性丧失等现象普遍存在。即使当前全省村落保护工作已经启动,但由于没有详尽、完善的保护对策,致使大多村落的保护工作停滞在计划阶段,而已经着手实施的村落,均以打造旅游景点为目的,忽视村民利益、村落文化特色及其长远发展。因此,探索具有针对性和可行性,适合江苏传统村落的保护对策,对长久留存江苏有限且珍贵的传统村落,传承江苏乡土文化和历史记忆,具有现实意义。

一、农村空心化日益严峻

随着现代化、工业化、城镇化进程的推进,纯农户和以农业为主的兼业户在农村生活和生产较为艰难,村民无能力也无条件延续传统农业生产,越来越多的农村青年劳动力涌向城市和人口相对密集、条件更好的地方生活。农村人口迁移和劳动力流动对推动城市和非农产业部门发展启动了积极作用,但广泛且持久的人口外流导致农村人口数量下降,剩余人口年龄、性别结构改变,特别是青壮年人口比重降低。这一问题在城镇化发展水平较高的省份尤为显著。据统计,截至2011年年末,中国大陆城镇人口首次超过农村。城镇化发展水平较高的省份城乡人口比重变化更为显著,1949—2015年,江苏乡村人口比重由85.17%降至33.50%,浙江由

88.19% 降至 34.20%（表 7-1）。

表 7-1　1949—2015 年乡村人口占全国人口比重

年份	中国（%）	江苏（%）	浙江（%）
1949	89.36	85.17	88.19
1950	88.82	85.26	87.89
1951	88.22	85.37	87.62
1977	82.45	86.64	86.22
1978	82.08	86.27	85.95
1979	81.04	85.16	85.49
2011	48.73	38.10	37.70
2012	47.43	36.99	36.80
2013	46.27	35.89	36.00
2014	45.23	34.80	35.10
2015	—	33.50	34.20

注：数据来源于《中国统计年鉴》《江苏统计年鉴》《浙江统计年鉴》；国家统计局国民经济综合统计司编《新中国五十五年统计资料汇编》，北京：中国统计出版社，2005；国家统计局国民经济综合统计司编《新中国五十统计资料汇编》，北京：中国统计出版社，1999

留守村民以老年人居多，他们由于乡土观念、经济能力等原因，不愿意或没有条件离开村庄，村落人口构成因此趋向"老龄化"。统计数据显示，中国乡村人口中，65 岁及以上的人口比重由 1982 年的 4.9% 增加至 2014 年的 10.1%（表 7-2）。

表 7-2　1982—2014 年乡村 65 岁及以上人口比重

年份	比重（%）
1982	4.9
1987	5.4
1990	5.6
1995	6.2
2000	7.0
2005	7.7

(续表)

年份	比重（%）
2010	8.9
2011	9.1
2012	9.4
2013	9.7
2014	10.1

注：数据来源于《中国统计年鉴2015》

抽样调查显示，在江苏农村人口中，已迁移的人口比重达47%以上，加上外出时间超过3个月的人口，基本脱离农村和农业生产的人口已超过58%，且农村常住人口明显呈现"老龄化、妇女化、儿童化"。[①]

农村人力资源特别是劳动力资源的缺失，不仅导致农业生产发展缓慢甚至停滞，农村正常的生产生活难以维持，而且影响农业长期可持续发展和粮食安全。此外，农村人口空心化问题的日益严峻，对农村教育、养老、治理和文化传承等方面也形成了诸多挑战，不仅阻碍了中国共产党在"学有所教、劳有所得、病有所医、老有所养、住有所居上持续取得新进展"的民生改善目标，而且也阻碍了农业相关产业和非农产业的发展，进而影响城乡一体化的建设进程。

二、权责不清，传统民居修缮受阻

通过调研得知，目前江苏历史经典类特色村镇中的部分传统建筑和民居存在不同程度的损毁。例如，杨湾村有60%~70%的老房子无人居住，损毁情况较为严重，虽然村里已经启动了房屋置换工作，但具体与哪个部门进行对接、如何执行房屋置换、置换手续如何办理等均无明确规定，只能禁止居民修缮、翻建，暂时保持村落原貌。龟山村也采取同样的措施，在有法可依、有规矩可循之前，不允许大规

---

① 钟甫宁，向晶：《我国农村人口年龄结构的地区比较及政策涵义——基于江苏、安徽、河南、湖南和四川的调查》，《现代经济探讨》2013年第3期。

模的乱拆乱建，先守住村落，守住传统文化。这种做法虽然能够减少人为对古民居和村落的建设性破坏，但却在一定程度上加速了古建筑的自然损毁。如焦溪村的古民居即因不能及时获得妥善维护而不断坍塌破损，仅2015年6—8月，由台风、暴雨导致屋面、墙体倒塌、倾斜的民居达23处，对居民生活、人身安全以及村容村貌造成严重危害和影响。陆巷村建造年代较早，且大多为砖木结构，因此，不同程度地存在着房屋损坏、屋顶渗漏、墙面裂缝、虫蛀腐烂以及私自搭建、乱拉电线等情况，危及历史建筑的安全，急需定期保护修缮和维护保养。余西村也存在类似问题，受自然条件影响，房屋倒塌情况频发，居民迫切希望知道如何修缮老房子，但因没有明确的法律条文和具体措施可以遵循，无法确定由谁来修、如何修、资金从何而来、修完之后如何处置等问题，导致保护工作实施起来困难重重。

三、对新农村建设的曲解导致村落遭到建设性破坏

自20世纪90年代林毅夫针对中国当时通货紧缩的形势提出"新农村运动"①的概念以来，我国新农村建设一直是各方关注的焦点。2005年党的十六届五中全会通过《中共中央关于制定国民经济和社会发展第十一个五年规划的建议》，明确指出"建设社会主义新农村是我国现代化进程中的重大历史任务"，我国农村建设实践按照"生产发展、生活宽裕、乡风文明、村容整洁、管理民主"的目标大力推进，并取得了巨大成就。但在新农村建设的推进过程中，也存在一些不恰当的做法。比如有些地方把新农村的含义曲解成大拆大建，盲目地进行工程建设，麻木"拆古"，再疯狂"造古"，导致村落肌理遭到严重破坏。

住建部明确要求，村落保护规划的一项核心内容就是控制过度开发，控制商业开发的面积和规模，不允许把一条原来有老百姓生活的街区改造成商业街，更不允许把村民全都搬出来，成为博物馆式的开发行为。②但当前村落商业开发过度，以保护为由搬迁村民的现象仍然普遍存在。

---

① 林毅夫：《开展新农村运动》，《经济与信息》1999年第9期，第11-12页。
② 《住建部：控制传统村落开发规模 不允许迁出全部村民》，2014-10-28，http://www.guancha.cn/culture/2014_10_28_280494.shtml。

传统村落是一种活的遗产，也是一种生活景观，文化习俗和生活场景是历史文化名村的灵魂，村民更是传统农业文化和民俗的载体，如果在开发中忽视村民，那就意味着抛弃了村落的灵魂，而仅有民居建筑的村落也就不存在农业文化传承和村落生活延续的功能，也就失去了传统村落的原真面貌。

四、村民改善生活条件意愿与村落原真性保护之间矛盾凸显

随着人们生活水平的日益提高，村民改善居住条件的愿望愈发强烈，而许多古民居由于建筑年代久远，基础设施、居室格局和居住环境比较落后，已无法满足居民的现代生活需求，亟须修缮。

然而，原地活态修缮也面临两难抉择。如果旧居不是文物保护单位，那么或修或建完全由村民个人决定。修缮旧居的成本通常高于拆旧建新，而留在村中的居民往往无经济能力修缮老屋，外出务工的年轻人挣了钱也大多会选择直接拆除旧居，改建为砖瓦甚至混凝土结构的房屋。即使村民有古建筑的保护意识，但在经济重压之下，也很难将保护放在首位。如果政府部门对此没有统一管理，没有足够的修缮资金和技术等方面的支持和投入，那么这种自发的、非专业性的修缮对古建筑来说仍然具有强烈的破坏性。

如果旧居属于文物保护单位，那么按照文物保护法的规定，在房屋产权人无力维修的情况下，政府有责任对文物进行抢修，然后向责任人结算费用。但实际情况是，责任人通常不会承担也无力承担修缮费用，政府不但出了修缮的钱，还要再付给产权人租金。在这种模式下，政府承担财政重压，而对于大量古建筑、古村落来说，政府的投入也只是杯水车薪，因此，即使是挂了牌的文保单位，也难逃白蚁、渗漏、腐烂、霉变、火灾的残酷现实。

五、保护经费不足及使用误区

调研显示，江苏 90% 以上的传统村落存在保护经费不足的问题。物质形态文化遗产是传统村落的重要组成部分，因此历史建筑、传统民居等的修缮与维护成为

当前传统村落保护工作的重点内容。而且在对古建筑进行修缮之前，通常还需拆除不符合要求的新建建筑，同时依照相关法律法规对原住户进行安置、补偿。仅这项工作就要耗费巨资。例如，杨湾村规划修缮沿街古建需要资金1.8亿元；李市村保护规划计划投入资金3亿元；草堰村总体规划需要投入资金2亿元。如此巨额的资金量单凭一个村级单位无法解决，即便获得财政支持也是杯水车薪。这就导致单体古建筑修缮数量有限，村落修缮范围通常仅限于老街两侧，不涉及纵深方向，而产权不清的古建筑甚至无法采取任何保护措施。因此即使传统村落保护工作一直在推进，但是传统民居建筑的损毁依然在持续。

经费不足的确影响传统民居修缮和村落保护工作的推进，但也应该认识到，传统村落保护的工作内容并不只是修缮民居，如果保护经费只用来修旧房、建新房，那么仅靠政府输血既无法长久维护，还会造成财政负担，影响传统村落健康可持续发展。

六、发展旅游与保护村落的关系误区

党的十九大报告提出，实施乡村振兴战略。乡村旅游作为农村发展、农业转型、农民致富的重要渠道，无疑成为推动实施乡村振兴战略和传统村落保护的重要动力。《中国乡村旅游发展指数报告》指出，2016年中国乡村旅游进入大旅游时代，而未来中国乡村旅游热将持续10年以上，预计到2025年乡村旅游人次将近30亿人次。发展乡村旅游是保护村落的有效途径，其目的是通过乡村独特的自然资源、农业资源和历史文化等特色，为农民增收增加新渠道，为村落发展注入新动力，从而实现传统村落的活态保护。如三山村于2001年成立三山风景区，国庆节正式营业，仅仅3个月，门票收入就达6万元。至2011年接待游客达30万人次，门票收入930万元，村级稳定收入达1 060万元，村级总收入1 285万元，首次跻身超千万元村的行列。如今，乡村旅游收入已成为三山村农民的主要经济来源，不仅吸引年轻人返乡，旺季时甚至还要从东山、西山聘请劳动力。

发展乡村旅游的确为江苏传统村落保护工作起到了极大的促进作用，但同时也出现了一些误区。如有些村落为了开发旅游，征收农田、拆除房屋，用于景区建设；或者以保护为由搬迁村民，只留下部分村民充当"演员"；或者修缮几栋老房子用于开设店铺，贩卖所谓的"特产"；或者直接规划打造"民俗一条街""风味一条街"等；个别村落甚至在村庄道路、基础设施、村容村貌还未完善之前，已建好了停车场和售票处。

发展旅游是保护村落的途径和手段，但村落保护的目的并不是为了发展旅游。如果仅仅为了追求短期效益，打着保护的旗号把传统村落当作景区打造，不仅造成保护资金的滥用与浪费，村落旅游低端化、同质化现象，缺乏持续竞争力，而且使村民彼此之间丧失了连接传统的纽带，风俗习惯逐渐被遗忘，乡村文化日渐衰落，最终导致村落保护畸形发展。

第二节 江苏传统村落保护的对策与建议

农耕文化是中国传统文化的根和灵魂，而村落则是传统农耕文化的载体。习总书记 2018 年 1 月在云南视察时要求我们在新农村建设中"要留得住绿水青山，记得住乡愁"。"乡愁"就是乡土文化和农耕文明的记忆，而传统村落就是"乡愁"的重要载体。当前江苏共有 28 个村入选住建部等部门公布的中国传统村落名录，然而这些承载着江苏乡土记忆的村落却普遍面临着空心化、老龄化、建设与开发不当、村民意愿与村落保护之间矛盾凸显、法律法规不健全等困境。如何保护好祖先留下的遗产，为子孙后代留存这厚重的"乡愁"，是我们面临的巨大挑战。

一、明确政府主体责任，纳入政绩考核指标

传统村落承载着中华民族灿烂的农耕文明，是中国乡村历史文化与自然遗产的"活化石"，是老祖宗留给我们的宝贵遗产，具有特殊的文化价值。对于传统村落保护，各级人民政府都应该进一步提高认识，依法履行管理和监督责任。明确各级人民政府都要切实履行传统村落保护的主体责任，坚决避免规定任何一级政府为主体，其他就可规避责任的情况发生。同时还应加强各级人民政府和相关部门的协调

配合，确保政策制定、执行、经费预算与投入、保护规划等村落保护相关工作依法执行。

此外，还应把传统村落保护工作列入各级政府政绩考核指标体系。国务院2016年下发的《关于进一步加强文物工作的指导意见》明确指出，加强历史文化名城、村镇、街区和传统村落整体格局和历史风貌的保护，并提出要把文物工作作为地方领导班子和领导干部综合考核评价的重要参考。习近平总书记于2016年4月又对文物工作做出重要指示："树立保护文物也是政绩的科学理念"。将传统村落保护工作列入各级领导班子和领导干部的政绩考核指标，同时建立责任终身追究制，在"文保政绩"这一"硬指标"的约束和激励下，将有效推动传统村落保护工作的落实和完善。

二、处理好政府、村民、企业的责任和利益关系

传统村落是一种活的遗产，也是一种生活景观，文化习俗和生活场景是传统村落的灵魂，村民更是传统农业文化和民俗的载体，如果在开发中不能妥善处理政府、村民、企业之间的责任和利益关系，甚至忽视村民，那就意味着抛弃了村落的灵魂，而仅有民居建筑的村落也就不存在农业文化传承和村落生活延续的功能，也就失去了传统村落的原真面貌。

杨柳村的开发即存在这种问题。杨柳村始建于明万历七年（1579年），现存古建筑群多为清乾隆、嘉庆年间建成，其中最为著名的古民居"九十九间半"，经修缮之后于2011年底正式对外开放，由南京杨柳湖文化发展有限公司负责运营。为建设以古村落为核心的丁字街区，约有80户居民需要搬迁，52户需要房屋外部出新和内部改造。在这种以企业为主导的开发模式中，开发者掌握决策权，而社区和居民的话语权则非常微弱，多数村民既没有从杨柳村的旅游开发中受益，也不清楚村落的开发意图和前景，因此，对参与未来发展与保护工作缺少热情和积极性，甚至对决策者和旅游开发运营产生抵触情绪，导致除了"九十九间半"以外的其他古民居，或因文保条例规定不得擅自修缮、或因所有权不清无法修缮、或因居民没钱修缮而任由其损毁破败。

文化遗产保护的成败最终取决于生活于这一文化系统中文化主体的意愿、认知和共同努力。村民对村落建筑与文化有着深厚的感情，对村落发展需求也最为迫切和明晰，应充分听取村民意见，鼓励村民参与。村集体要将传统村落保护要求纳入村规民约，加强宣传教育，发动村民主动参与和监督保护工作，形成传统村落保护可持续发展的常态机制。在政府主导、企业运作的利用模式中，应处理好政府、村民、企业之间的责任和利益关系，要使村民能够从保护中获得经济利益和精神满足，只有这样，传统村落才会有生命力，才可能长久持续下去。

三、保护与利用兼顾，创新保护利用模式和方式

传统村落能否存活，最终取决于它的现实生命力，而这种生命力取决于它的经济适应性、生态适应性和历史文化魅力。研究村落保护，既要考虑到它的历史文化价值，更要使农民能够从保护中获得经济利益和精神满足，只有这样，传统村落才能持续发展下去。因此，传统村落的保护必须与利用兼顾。可以尝试发挥村落的自身优势，探索切入点，将村落保护与建筑民居、景观、生态农业、特色民俗、农产品生产等结合起来，真正实现传统村落的活态传承。

（一）突出传统风貌，助力传统建筑型和工商贸易型村落发展

村落由建筑构成，村落的生成也是一种社会性建筑行为。村落中的古建筑、传统民居以及错综复杂的古街巷弄构成了村落的骨骼。谈到村落保护或是村落旅游，人们首先想到的大都是装饰精美的古民居和古朴厚重的石板路，就连住建部等部门制定的《传统村落评价认定指标体系（试行）》，也将"村落传统建筑评价指标体系"列在第一位。因此将村落保护与古民居建筑保护相结合，是当前传统村落保护中应用较多的一种模式。

例如，宏村位于安徽省南部黟县，始建于南宋绍兴年间，距今已有近千年的历史，2000年被列入世界文化遗产名录。宏村有140余幢明清民居，从整体上保留了明、清徽派村落的基本面貌和特征，是中国古村落的代表，被誉为"中国画里的乡村"。宏村采用"政府主导、企业运作、村民参与"的三方合作模式，现已成

为皖南古民居旅游的典范。据统计，2013年宏村景区接待游客152.03万人，旅游总收入达7.97亿元。巨大的经济效益为古村落保护提供了大量资金，经营方每年将宏村景区门票收入的33%返还给当地，其余部分用于维护整个景区的文物保护、维修和旅游经营。村民不仅为家乡的古民居自豪，会自觉参与保护，而且还能从中获得经济收益，实现了遗产保护与社区经济发展之间的平衡。

传统建筑型和工商贸易型村落拥有丰富的古建筑、街巷、河道、古桥等历史文化遗存。如陆巷村是目前江南建筑群体中质量最高、数量最多、保存最完好的村落，被誉为"太湖第一古村"，现保存较为完整的明清建筑有30多幢，有"东山古建筑博物馆"之称。杨湾村拥有3处全国文保单位、4处市级文保单位以及57处控保单位，是"香山帮建筑的荟萃之地"。余西村"因盐而生，因水而起"，从煮盐为场到海岸变迁转型集镇，发展历史脉络清晰完整，这种变迁是中国古代技术生产型场镇向贸易商业集镇的转变历史的一个典型缩影，至今仍保留众多珍贵的盐业、商贸遗迹，是南通地区盐业水乡聚落特色的真实载体，是淮吴交融之地民居及商业遗存的集萃之地。

当前的保护重点大多放在修缮和维护古建筑方面，而这也是资金需求量最大、程序最复杂的项目。据江苏省文物局测算，一个中等规模的传统村落较为完整的实施保护与发展资金投入需在千万元以上，而很多村落的规划投入甚至数以亿计。资金不足导致修缮工作推进缓慢甚至停滞的情况更是普遍存在，严重影响了传统村落整体性保护的进程。

传统村落的保护发展不仅涉及某处传统建筑或历史民居，更涉及由众多物质与非物质元素共同构成的传统风貌。村落的传统格局和历史风貌蕴含着人们对故乡的记忆，是"乡愁"的重要依托。因此在村落保护中首先应注重环境整治和基础设施建设，提升村容村貌，保护乡情美景，充分展现人、村落与自然和谐共生的人居环境。同时避免盲目建设和过度商业开发，保留村落原真性。在此基础上，突出传统村落的历史韵味，利用传统格局和历史风貌为村落引入旅游等新业态，促进一二三产业融合发展，增加村落收益，同时探索多元化的社会资金参与模式，以此反哺传统建筑的修缮与维护。

（二）贯彻绿色发展理念，引领农业景观型村落发展

《中共中央国务院关于实施乡村振兴战略的意见》将"坚持人与自然和谐共生"作为基本原则之一，要求牢固树立和践行绿水青山就是金山银山的理念，落实节约优先、保护优先、自然恢复为主的方针，统筹山水林田湖草系统治理，严守生态保护红线，以绿色发展引领乡村振兴。

优美的生态环境和独特的农业景观是发展农村生态旅游，优化农民收入来源构成的重要资源。以此为依托的传统村落不仅可以满足城乡居民不断提高和增长的新需求，同时也为农民增收增加新渠道。例如，红河哈尼梯田分布于云南南部红河州元阳、红河、金平、绿春4个县，总面积约100万亩，其中，元阳县是哈尼梯田的核心区，面积达24.9万亩，有82个行政村坐落其中。哈尼梯田完美反映出精密复杂的农业、林业和水分配系统，通过长期以来形成的独特社会经济宗教体系得以加强，体现了当地民众对自身文化和自然环境的尊重，彰显了人与环境互动的一种重要模式。自2013年红河哈尼梯田申遗成功以来，文保部门与国际同行加强交流，为红河哈尼梯田制定了生态可持续和旅游管理策略，由政府补贴村民按规定翻修房屋，部分开发收益也投入到景区建设中，用以改善村寨生活条件，同时保护当地的传统生活方式，发展特色农产品经济，使农民从中受益，使传统村落焕发生机。

浙江龙现村位于青田县城西南部方山乡境内，当地村民根据自然环境条件，将山地开拓为梯田，种植水稻，同时利用山林中丰富的水资源，在稻田中养殖田鱼，从而形成了独特的稻田养鱼生产方式，至今已经延续了1 200多年。2005年，青田稻鱼共生系统成为全球重要农业文化遗产。此后，青田县政府采取了一系列积极措施进行持续性管理，为龙现村的发展带来了积极的影响。在农村经济方面，稻田养鱼的品牌效应刺激了农产品价格的提升，通过稻田养鱼技术的推广，龙现村水稻亩产和田鱼亩产都得到大幅增加，稻田养鱼与农家乐休闲旅游相结合也极大提升了农民的经济收入。在农村社会文化方面，稻田养鱼边际效益的提高促进了当地农村富余劳动力的解放，提升了当地农民的自豪感，而且传统稻田养鱼中的优秀非物质文化也得到了有效保护和传承。在农村生态环境方面，由于保护力度的加强，稻田养鱼过程中减少了化肥和农药的使用，农业面源污染得到有效控制，生物多样性也获

得稳定提高。

在长期的农业生产生活中，江苏先民对自然和土地进行改造所形成的农业景观众多，包括稻作文化系统、桑基鱼塘系统、特色农作系统等。例如，洞庭山的果林中逐渐有小片条栽茶园镶嵌其间，并渐成规模。用于与茶树混合种植的果树主要有柑橘、板栗、杨梅、枇杷等，形成了柑橘—茶、板栗—茶、杨梅—茶、枇杷—茶、银杏—茶等多种果茶间作模式。茶树或分布于果树梯田两边，或分布于果园四周，也可将茶树栽种于果树株行间和果园道路旁，方式灵活多样，形成了独特的农业生态景观。再如，三山岛是目前太湖中唯一未与陆域直接连通并有居民生息的独岛，至今保留着湖岛的传统起居生活方式。舟楫轮渡仍是出入三山岛的唯一交通方式，岛上交通以非机动交通为主。岛上居民主要种植橘、梅、枣、枇杷及茶等经济作物，其中，洞庭红橘与马眼枣等较为著名。岛上菜地里多种植白菜、青菜、豌豆、蚕豆、菠菜及水芹等蔬菜。环岛湖岸带均有水生植物和湿生植物分布，包括芦苇、荷花、睡莲、茭白、野菱、千屈菜及空心莲子草等。河道和湖岸带区域有大量的鱼类，如具有太湖特色的"三白"——白鱼、白虾、银鱼，以及大量底栖动物、浮游动物。同时，岛上居民大多养殖有鸡鸭等家禽，也有部分农户饲养家兔。优越的自然生态环境和丰富的生物多样性是三山村最大的亮点，以此提升村民经济收入和自豪感，从而促进三山村的可持续发展。

这些农业景观所体现的生物多样性、人类与自然协同进化及其产生的文化特色，高度契合"人与自然和谐共生"基本原则。因此，依托农业景观的传统村落在发展中应严格贯彻绿色发展理念，通过节约资源、保育生态、统筹治理污染、提高农产品质量等途径推动绿色农业发展，同时在保护生态环境的前提下，将乡村生态资源转化为生态经济，以此满足城乡居民不断提高和增长的绿色需求，补齐乡村振兴的生态短板。

（三）提高农产品附加值，带动农业特产型村落发展

当前我国农产品供给存在着质量不高、优质农产品不多等问题，将增加优质农产品供给放在突出位置已成为农业供给侧结构性改革的重要内容。国务院办公厅印发的《关于进一步促进农产品加工业发展的意见》中也提出推进农产品加工业向优

势产区集中布局，明确大宗农产品主产区、特色农产品优势区的发展重点。提高农业特产附加值因此成为依托优质农产品生产的传统村落需要肩负的首要任务。

"一村一品"是日本造村运动中最具影响力的形式，目的是立足本地资源优势，发展具有地方特色的主导产品和主导产业，提高农民收入，振兴农村经济。如以朝地町、九重町为代表的丰后牛产业基地；以大田村、国见町等地为代表的香菇产业基地，都是因地制宜培育优势农特产品并建立品牌意识的成功产业基地。大分县自开创"一村一品"运动以来，县内各地共培育特色产品 306 种，总产值高达 10 多亿美元。同时，"一村一品"运动也极大地提高了大分县的知名度，大分县的别府市每年接待逾 1 000 万游客，人口不足 1 万的汤布院町每年要接待 380 万游客，为当地注入活力的同时，也带来了可观的旅游收益。

江苏具有优越的自然地理环境和丰富的物产资源。早在新石器时代就产生原始农业，形成以水田种植业为主，小家畜饲养为特色，采集、渔猎为补充的原始农业生产结构，素有"鱼米之乡"的美誉。同时，江苏又是中华农业文明的发祥地之一，有着悠久辉煌的农业发展历史。在长期的农业发展过程中，江苏历代先民凭借卓越智慧和不懈努力，创造了种类丰富、质量上乘的特色农产品和加工农产品，涉及农、林、牧、渔、副等农业产业。江苏的传统村落也大多拥有独具特色的农产品。如东山镇、金庭镇村落的杨梅、枇杷等瓜果、碧螺春茶，李市村的螃蟹、河虾等水产品，广济桥社区的石港腐乳、石港硬糕、石港烤虾，余西村的葡萄、蔬菜等。针对这些农业特产，制定完善的质量监管制度和产销策略；立足本地资源优势，重点打造地域特色品牌，发展主导产品和产业；同时挖掘农产品多种用途，拓展产业链，以此提高农民收入，振兴农村经济，实现传统村落可持续发展。

（四）重塑乡村文化，促进民俗文化型村落发展

中华农业文明历史悠久，农业民俗多彩丰富，它们以不同的文化形式融入整个民族的精神世界与遗产宝库。尝新节是湘、黔、桂等省区仡佬族、苗族、布依族、白族、壮族等少数民族的传统农事节日，在每年新谷成熟时择日举行，以此庆祝五谷丰登、共享劳动果实。广西隆林仡佬族的尝新节活动最为隆重，每年都吸引来自各地的仡佬族同胞及其他兄弟民族等上万人参加。尝新节活动不仅演绎了仡佬族风

情，弘扬民间文化习俗，也让更多人了解隆林、关注隆林，为当地民族民俗文化旅游产业发展起到了积极的推动作用。斗牛是苗族等少数民族传统的民俗活动，贵州各地为了开展乡村旅游，都把斗牛节作为主打产品。2014 年，镇远县涌溪乡芽溪村举办一年一度斗牛节，吸引观众 5 万余人次，为当地居民带来直接经济收入 80 余万元；凯里舟溪镇举办的斗牛节，吸引了来自贵州各村寨的上百头牛参加争霸赛，6 万多村民和游客观看比赛。

江苏民俗文化型村落可以参考此模式。例如，龟山村仍然保留着"以船为家，漂泊水上，居无定所，捕鱼谋生"的生产定式和生活习惯，"水上人家"形成了洪泽湖地区一道亮丽的风景线，渔鼓舞则以其浓厚的湖区渔家韵味，在洪泽湖地区广泛流传，被列为江苏省省级非物质文化遗产保护项目。华山是南朝乐府诗《华山畿》的发生地，其中第一首："华山畿，君既为侬死，独活为谁施？欢若见怜时，棺木为侬开。"描绘了流传民间的一段奇异、凄美的爱情故事，被学界认为是《梁祝》的雏形。华山村每年还有 5 个庙会，分别在正月十五、二月初八、三月十五、七月十七、十月十五，庙会有舞龙、腰鼓等表演活动。此外，礼社村九龙宫的舞龙表演在 2010 年被评为江苏省非物质文化遗产；杨桥村每年农历二月初八的庙会都有四五百人参加表演，吸引了周边几万人参加。

乡村文化是一个民族或区域在长期发展中所创造、享用和传承的生产和生活习俗，是一个民族文化归属感和价值认同的来源。然而随着乡村经济结构的演变，农村青年劳动力大量涌向城镇，导致传统生产和生活民俗文化丧失了传承媒介和生存土壤，乡村文化不断衰落。江苏是城镇化发展水平较高的省份，农村常住人口明显呈现老龄化、妇女化、儿童化。同时，江苏拥有多姿多彩的农业民俗与地域文化，它们以不同的文化形式融入到整个地域甚至整个民族的精神世界与遗产宝库。这些在历史发展中形成的生产方式、生活习俗与区域文化中所包含的公共文化属性与精神价值体系是江苏民间社会重要的精神支柱和心理根基，是对江苏乡村文化的生动诠释，甚至深刻影响了传统村落的发展与繁荣。乡村振兴需要乡风文明作为保障，而乡风文明的思想道德和文化基础正是长期历史积淀的乡村文化。在推动乡村文化振兴的政策导向下，通过深入挖掘优秀民俗文化中蕴含的思想观念、人文精神、道德规范，培育文明乡风、良好家风、淳朴民风，达到重塑乡村文化，促进传统村落文化传承的目的。

四、以人为本，宜业宜居

习近平总书记在 2013 年中央城镇化工作会议上指出，"城镇化要让居民望得见山、看得见水、记得住乡愁"。传统村落是传统文化的根系所在，是历史为我们留下的宝贵的文化资源。

当前我国仍处于新型城镇化的快速发展期，江苏城镇化水平更居全国前列，如何在这一时期保护好祖先留下的历史文化遗存，传承乡土文化和历史记忆，为子孙后代保存好这厚重的"乡愁"，是我们面临的巨大挑战。

新型城镇化建设不仅要注重生态环境，而且要充分尊重和发展当地的生活和文化传统，满足人民的根本利益。宜居的生态环境是物质基础，以人为本的人文环境是精神支柱，物质基础和精神支柱又是吸引人、留住人的重要条件。因此，应以改善民生为根本，不断完善医疗、住房、户籍、教育等各项保障制度，为居民提供优质的公共服务，吸引当地和周边居民参与、集聚。

同时，应注重传统文化传承，强化地方特色，通过挖掘丰富而独特的文化内涵，营造居民的文化归属感和价值认同，培育共同记忆与乡愁。如通过历史文化遗迹和人文景观的传承与保护，塑造传统村落的性格和精神，以适应居民精神文化层面的需求，实现生态、生活、生产"三生"融合，从而真正实现城乡一体化发展。

后　记

　　传统村落的保护与传承是一项伟大而艰巨的事业，这项事业尚处于起步阶段，还有待于法制化、科学化、系统化、完善化，还需要多方面的相关理论支持和实践操作。当然，在呼吁村落保护、探索保护模式的同时，我们也应该清醒地认识到，工业与城市发展、经济与社会转型是不可逆转的历史潮流，全面、大规模的保护或原封不动的留存传统村落是不现实的。传统村落能否存活，最终取决于它的现实生命力，而这种生命力取决于它的经济适应性、生态适应性和历史文化魅力。研究村落保护，既要考虑到它的历史文化价值，更要使农民能够从保护中获得经济利益和精神满足，只有这样，传统村落才会有生命力，才可能长久持续下去，这也是我们保护这些传统村落的终极目的。

　　此书得以顺利完成，要特别感谢为调研提供帮助的相关单位：

江苏省住房和城乡建设厅村镇处

苏州市吴中区住房和城乡建设局村镇科

镇江市住房和城乡建设局村镇处

无锡市住房和城乡建设局村镇处

常州市武进区住房和城乡建设局村镇科

南通市住房和城乡建设局

淮安市洪泽区规划局

盐城市大丰区住房和城乡建设局

苏州市住房和城乡建设局

苏州市吴中区东山镇翁巷村

苏州市吴中区东山镇陆巷村

苏州市吴中区东山镇杨湾村

后　记

苏州市吴中区东山镇三山村

苏州市吴中区香山街道舟山村

苏州市吴中区金庭镇东村

苏州市吴中区金庭镇植里村

苏州市吴中区西山镇明月湾村

苏州市吴中区金庭镇东蔡村

苏州市吴中区金庭镇衙甪里村

镇江市丹阳市延陵镇九里村

镇江市丹阳市延陵镇柳茹村

镇江市新区姚桥镇华山村

镇江市新区姚桥镇儒里村

无锡市锡山区羊尖镇严家桥村

无锡市惠山区玉祁镇礼社村

常州市武进区前黄镇杨桥村

常州市武进区郑陆镇焦溪村

南通市通州区石港镇广济桥社区

南通市通州区二甲镇余西村

淮安市洪泽县老子山镇龟山村

盐城市大丰区草堰镇草堰村

苏州市常熟市古里镇李市村

苏州市昆山市千灯镇歇马桥村

南京市高淳县漆桥镇漆桥村

南京市江宁区湖熟街道杨柳村

还有为书稿的完成做出贡献的南京农业大学农史团队，在此一并向大家表示衷心的感谢！

刘馨秋

2018 年 7 月于南京

图书在版编目（CIP）数据

中国传统村落记忆·江苏卷/王思明主编；刘馨秋著.
—北京：中国农业科学技术出版社，2018.10
ISBN 978-7-5116-3685-0

Ⅰ.①中… Ⅱ.①王… ②刘… Ⅲ.①村落—介绍—江苏 Ⅳ.① K928.5

中国版本图书馆 CIP 数据核字（2018）第 095199 号

责任编辑　朱　绯　姚　欢
责任校对　李向荣

出 版 者	中国农业科学技术出版社 北京市中关村南大街 12 号　邮编：100081
电　　话	（010）82106626（编辑室）　（010）82109702（发行部） （010）82109709（读者服务部）
传　　真	（010）82106626
网　　址	http://www.castp.cn
发　　行	全国各地新华书店
印 刷 者	北京科信印刷有限公司
开　　本	710 mm×1 000 mm　1/16
印　　张	14.25
字　　数	240 千字
版　　次	2018 年 10 月第 1 版　2018 年 10 月第 1 次印刷
定　　价	108.00 元

版权所有·侵权必究